キカ

KIKA

持田教利

トレ

TORE

扶桑社

はじめに

力もちよりおかずもち！

はじめまして。パーソナルトレーナーの「おかずもち」こと持田教利です。

最近、僕がパーソナルの依頼を受けるクライアントさんから、ある言葉を聞くことが増えたように感じます。

例えば、それなりにトレーニング経験がある中級者以上の方なら、

「トレーニングがつまらない」

「自分のポテンシャルが頭打ちに思える」

なんていう声が。

逆に、初心者の方からは、

「トレーニングを始めたいけど、何から始めたらいいかわからない」

「トレーニングを始めたらすぐに◯◯が痛くなってしまった」

なんていう声です。

僕自身は、トレーニングを始めてそろそろ10年になります。でも、毎

回のように自分の身体で新しい発見があったり、ゆっくりかもしれませんが着実な成長を感じられたりと、トレーニングが楽しくて仕方がありません。

僕が楽しくて仕方がないトレーニングを、つらく感じてしまったり、楽しくないものと感じてしまっている人がいることが、僕は残念で仕方がありません。だから、僕がパーソナルトレーナーとして指導をする際に、念頭に入れていることは、みんなに「トレーニングって楽しい」って気持ちを思い出してほしいってことです。

「得意」で生まれた「不得意」

では、なぜトレーニングが楽しくなくなってしまう人がいるのでしょうか？

僕が思うに、初心者は当然、中上級者でもトレーニングにおいて「ある動きができない」人というのはかなり多いんです。そして、そのできない動きをやろうとすると痛みが出てきたり、あるいは成長しづらかったり、歪みが出てしまう。なんとかしようと、いろんな情報を探ったりするけど、情報が溢れていて何がなんだかわからなくなってくる。結果として、「トレーニングがつまらない」となってしまうんじゃないかと。

実際、僕自身も力の出し方が不得意でした。

以前の僕は、インナーのトレーニングとか、呼吸とか、軽い重量で刺激を入れるのは得意で、軽いダンベルで効果が出て、いい筋肉がつくなら最高だろという考えでした。その結果どうなったかというと、自分の中でのキャパシティが減ってきちゃった。他の人と比べたら筋肉量はちょっと多いかもしれないけど、パワーが弱かったりだとか、逆に動きがスムーズじゃなかったりということになった。得意が強すぎたがゆえに、結果として得意不得意が強く出てしまったというわけです。

自分を信じ過ぎない

実際のところ、僕がそれに気づいたのも最近のことでした。芳賀くんの誘いでパワーリフティングに挑戦するようになったり、いろんな方と交流する機会が増えて、考え方や視野はもっと広く、いろんな角度で持ったほうがいいなと痛感したことがきっかけです。

だから僕が、この本で伝えたいことは、

「自分の考えだけを信じすぎてしまうよりも、他の面からのアプローチをかければ、もっと自分の可能性を引き出していけるんだ」

ってことです。

成長が止まっているとき、痛みが出てしまったとき……。いったん自分の身体のクセや歪みを知るというベーシックな部分に立ち返って、トレーニングへのアプローチも変えてみたら、きっと新しい可能性が広がる。そう考えています。

僕の中での「効かせる」トレーニング。それは、単に軽い重量で追い込んで筋肉量を増やすというものではありません。自分自身の身体を見つめ直して、重い重量でぶん回すトレーニングと、軽い重量で頭部・体幹・骨盤・四肢などのアライメント（最適な位置）を調整することで、「勝手に効いてくる」ことを目指すトレーニングです。

勝手に効いてきたことを実感できるようになったら……。「トレーニングがつまらない」と思っていた自分とも、さよならできるはずです！

一緒に、持田式効かせるトレーニング「キカトレ」を挑戦していきましょう！

Contents

はじめに——2

part 1

持田式「効かせる」とは?——11

「効く」トレーニングってなに?——12
僕がパーソナルのときに最初に見ること——18
上半身の歪みを見る——20
下半身の歪みを見る——22
【コラム】インフルエンサーが語る「持田式キカトレ」ディーサンさん——24

part 2

トレーニングのアプローチ——25

高重量? 低重量?——26

なりたい身体と苦手意識を把握！——28
トレーニングプランの考え方——30
【コラム】インフルエンサーが語る「持田式キカトレ」シャイニー薊さん——32

part 3 土台を作る「BIG3」——33

まずはBIG3から始めよう！——34
フリーウエイトとマシントレーニングの違い——36
BIG3をやることのメリット——38
胸を鍛えるベンチプレス——40
ベンチプレスを理解するための補助種目——44
胸を張りづらい人向けの補助種目——46
脚を鍛えるスクワット——52
スクワットを理解するための補助種目——56
背中を鍛えるデッドリフト——58
背中を鍛える補助種目——62
【コラム】インフルエンサーが語る「持田式キカトレ」芳賀セブンさん——64

part 4

部位別オススメ種目をやろう ―― 65

BIG3に加えたいプラスアルファの種目 ―― 66

胸：持田式内旋ダンベルプレス ―― 67

胸：インクラインダンベルフライプレス ―― 68

胸：プレートプレス ―― 69

背中：ケーブルプルオーバー ―― 70

背中：ワンハンドダンベルロウ ―― 71

肩：インクラインサイドレイズ ―― 72

肩：ダンベルショルダープレス ―― 73

肩：かえるレイズ ―― 74

上腕二頭筋：ワンハンドダンベルカール ―― 75

上腕三頭筋：ケーブルプレスダウン ―― 76

脚：フォワードランジ ―― 77

脚：自重アブダクション・アダクション ―― 78

脚：ヒップリフト ―― 79

【コラム】インフルエンサーが語る「持田式キカトレ」山澤礼明さん ―― 80

part 5 初心者のギモン、持田式で斬る！ ―― 81

ボディメイク初心者が心がけることってなに？ ―― 82

トレーニングの組み方はどうすればいい？ ―― 83

腹圧ってどうやってかけるの？ ―― 84

ショルダーパッキングや胸椎の伸展・屈曲って？ ―― 85

トレーニングで痛みが出た場合はどうすればいい？ ―― 86

ダイエットや減量ってどうすればいい？ ―― 87

【コラム】インフルエンサーが語る「持田式キカトレ」安井友梨さん ―― 88

part 6 スランプとの向き合い方 ―― 89

スランプの原因を把握しよう ―― 90

メンテナンスの時間をしっかり取る ―― 91

「頭をリセットする」習慣をつける ―― 92

【コラム】インフルエンサーが語る「持田式キカトレ」Ｍａｎａさん ―― 93

おわりに ―― 94

本書に登場する主な筋肉の名称と位置

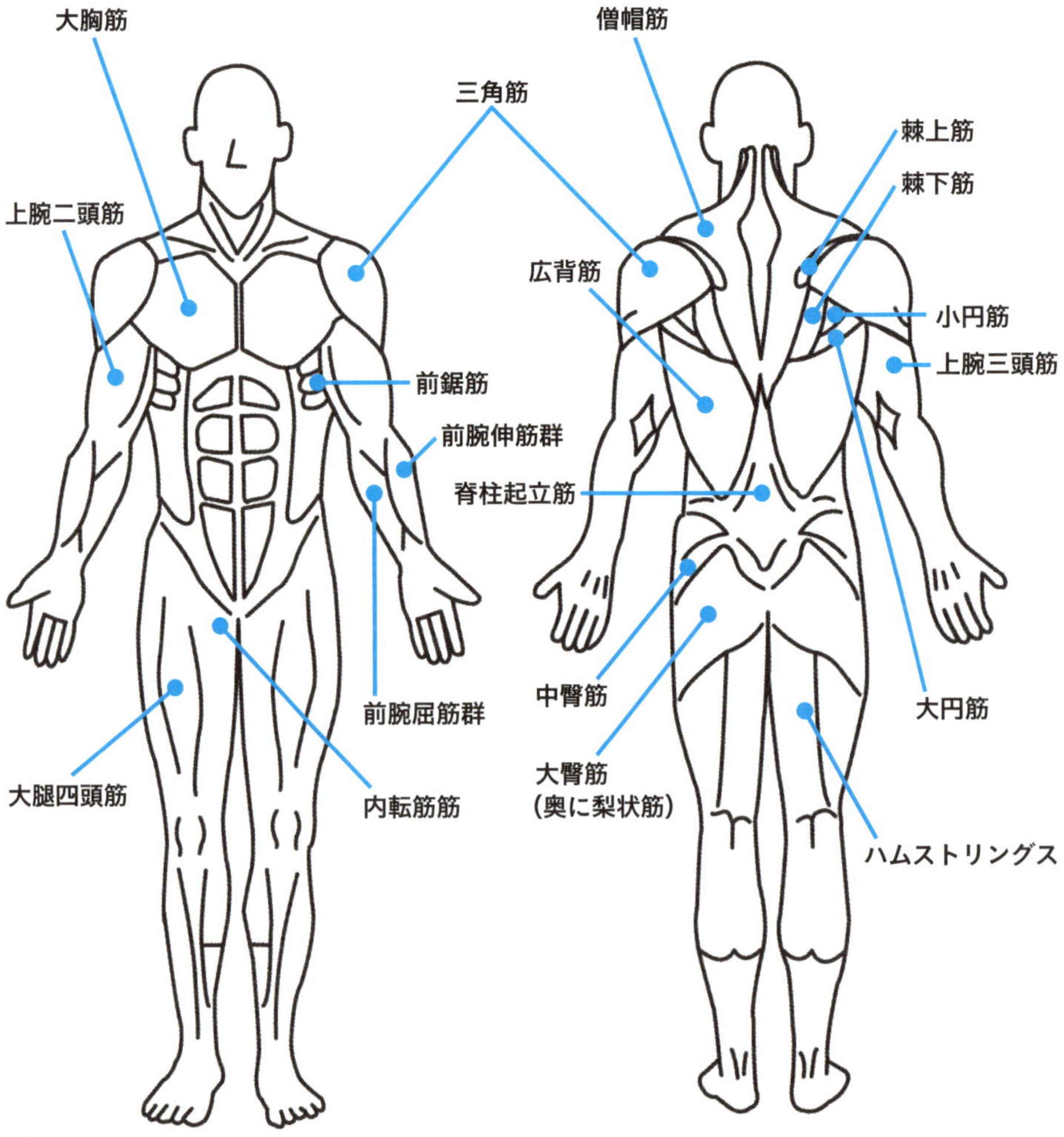

1

持田流「効かせる」とは？

「効く」トレーニングってなに？

そのトレーニング「効いて」ます？

トレーニングにおいて「効かせる」というと、トレーニング業界的には対象の部位の筋肉に絞って負荷をかけて、その筋肉を発達させるようにトレーニングを行うことを指すと思います。

イメージ的には、「全身や複数の筋肉を動かして高重量をガンガン上げるトレーニングというよりは、動かす筋肉が絞られているため重い重量は扱う必要がなく、比較的軽めの重量でネチネチと回数をこなしてパンプアップ（対象部位に血流が集まることで一時的に筋肉が大きくなること。筋トレの効果がすぐにわかりやすく体感できる）させる」というような感じです。

実は、僕自身は過去にはこうした感じの「効かせる」トレーニングでボディメイクをしていました。

バーベルよりも、部位を狙いやすいマシントレーニングを好んで行っていました。また、僕という存在をある意味で広く知られるきっかけを作ってくれた、友人でありＹｏｕＴｕｂｅｒの大先輩であり、ライバルでもある芳賀セブンくんの動画でも出ていたように、「たった２kgのダンベル」のように、超軽量のウエイトでも狙った筋肉に負荷をかけ、十分に「効かせる」ことで、ボディメイクをしていた時期もありました。

従来型の「効かせる」の弊害

でも、あるとき気づいたんです。自分がトレーナーという立場だったからっていうのもありますが、クライアントさんとかにも、ある動きができないという方が多かったりだとか、そのトレーニングに対して考え込みすぎて訳がわからなくなっちゃってる人とかが多いってことに。

これはなぜなんだろうと思って考えた結果、一つの結論に至りました。

マシントレーニングは解剖学的・力学的にはもっとも効率よく「効かせる」ことに特化して設計されているので、狙った筋肉に負荷をかけるには最適ではある。ところが、どうしても動きを抑制してしまう一面がある。動きが抑制させてひたすらそこだけ動かそうとすると、どうしても「力み」が強くなったり、歪みを生じさせてしまったりする。だから、狙った筋肉は成長するけれど、それだけでは本来の運動能力とはまた違った方向にいってしまうこともあるんです。

また、いまはYouTubeでたくさんの筋トレの情報がアップされていて、誰もがいろんな情報・データに触れることができます。

特定部位に
「効かせる」ことだけに
こだわり過ぎると、
失うことも少なくない！
身体の歪みや力みをなくし
本来の動きを重視する！

「これをこうするのが正しいフォームである」
「こうするとより筋肥大させることができる。これ以外はだめ」

そんな情報がたくさんあります。参考になるものもとても多くて、初心者の方や停滞を打破したい中級者以上の人にも大きな参考になるものもあります。

ただ、こうしたデータや多すぎる情報を見すぎることによって、変に「力み」を生じさせてしまっている人もとても多いんです。

パワーリフティングとの出会いで気づいたこと

こうして「トレーニングがつまらない」「わからない」「上手に動けない」という状態に陥った人に、僕自身のトレーナー経験から何を伝えられるか。どうやったら伝わりやすいのかなっていうのを考えていって辿り着いたのが、持田式の「効かせるトレーニング」である「キカト

初心者でも
高重量に挑戦することで
得られるメリットは
たくさんある!
正しいフォームで
高重量にトライしよう!

レ」です。

実はこれに気づいたのも、結構最近のことです。先ほどもお話ししたように、以前は僕も従来通りの「効かせる」トレーニングメインでボディメイクをしてきました。軽いダンベルでいい筋肉がつくなら最高だろと思ってました。言ってみれば、動けるアスリートのトレーニングと、ボディメイク用のトレーニングを完全に分けて考えていた。

それを変えたのが、YouTuberであり友人であり、ライバルでもある芳賀セブンくんに導かれて入った「パワーリフティング」でした。

芳賀くんがアップした僕が出演する動画を見るとわかりますが、僕が久しぶりにビッグ3（ベンチプレス・スクワット・デッドリフトの3種目）に挑戦したとき、こんなに筋肉がついているにもかかわらず、全然重量を上げることができなかったんです。あれ、ガチでしたから。

単純に「持ち上げ方がわからない」状態だったんです。軽いものでコントロールすると、「あ〜いまここの筋肉に効いてるわ〜」とかわかるけど、重いものを持ち上げても、どこの筋肉に効いてるのかわからないじゃん、意味ないじゃんって思ってたんです。

持田式「効かせる」トレーニング「キカトレ」とは？

ところが、パワーリフティングの練習で重いものを持ち上げるようになって気づいたことがありました。

重いもの持ち上げ終わった後って、疲れるけど別にどっか一カ所が痛いわけでもない。でも「勝手に効いてる」んです。

「効かせる」に特化して行うと、ボディメイク的には形のいい筋肉を作ることができたり、特定部位の筋肉を意識して負荷をかけたりできる「マッスルコントロール」はとてもうまくなります。でも、重いものを持ち上げられるパワーのある人と実際に並んだときに、どっちが大きくて強そうかっていったら、もうパワーを持ってる人なんです。

そして、「僕はなんでトレーニング始めたんだっけ？　何がやりたかったんだっけ？」って思ったときに、筋肉を増やしたかったんじゃないかってことを思い出したんです。確かに、小さなところを狙って効かせて、ポージングで身体をきれいに見せることができるようになって、マッスルコントロールも上達した。でも、サイズも仕上がり体重も変わってないじゃんって。

それに、「効かせる」に特化してトレーニングしてきた自分の以前の筋肉では、本来の運動能力としての筋力が発揮されていないじゃないかと。さらには、マシントレーニングなどで「力み」が強くなっていたり、身体のクセがそのまま残っていたり、それが怪我や故障に繋がっていく危険性もあります。

そこで、僕はいままで自分がやってきた「効かせる」も活かしつつ、自分なりの「効かせる」トレーニングに辿り着いたんです。

「キカトレ」は「勝手に効く」？

それが、持田式の「効かせる」トレーニング、「キカトレ」です。

ベースコンセプトは、**「身体を一番いいポジションにし、筋肉を正しく動作させたり、呼吸を正しく行い、身体に本来の動きを取り戻させる。その上で、負荷を乗せてトレーニングを行う」**です。

具体的には、僕が培ってきた「細かい筋肉を狙う」種目で、重い重量を扱って筋肥大を目指すときに妨げになる、身体の歪みなどを補正する。さらに、正しい動きや機能を活かして、BIG3など重い重量を扱うトレーニングをしっかり行う。こうすれば、自分が意識していない筋肉にも「勝手に効く」んです。

持田式「効かせる」トレーニング、「キカトレ」は、こういうことなのです！

「キカトレ」の3ステップ

「キカトレ」では、まず自分の身体のクセや歪みをしっかりと自己認識するところから始めます。通常ならば、パーソナルで僕がクライアントさんとお会いするときに、僕自身の目でチェックするところです。

実際にお会いして行えば細かいポイントも押さえられますが、ここではざっくりと自分で認識できるポイントのみに絞りました。

身体のクセを把握したら、次は「ＢＩＧ３」をベースにしたトレーニングを行います。ベンチプレス・スクワット・デッドリフトの３種目は、胸や脚、背中といった大きな筋肉を鍛えるだけでなく、身体全体・体幹を強化する効果があります。すでにいろいろな情報が出ており、既知の話もあるかもしれませんが、持田流のポイントを押さえて、これらの種目のやり方をお伝えします。同時に、セルフチェックで明らかになった、ＢＩＧ３実施時に問題になるであろうクセや歪みに対応する種目もお伝えします。

最後は、細かい部位別の種目もお伝えします。

トレーニングには１００％の正解はなく、人によって差はあるので、これが完全とは言えません。さまざまな情報の中の１つとして、自分に合う部分を実行してみてください。

僕がパーソナルのときに最初に見ること

自分の身体のクセを知ろう！

　さあ、さっそくトレーニングに移りましょう！　と言いたいところですが、まずはやることがあります。それは自分の身体のクセを把握することです。

　僕がパーソナルの指導を始めるときに、まずクライアントさんの姿勢を見ることにしています。わざわざ、「ここに立ってみてください」とお願いするのではなく、なんなら初めてお会いするとき、挨拶をする前に、クライアントさんがやってくるところから姿勢や動作を見ます。

　姿勢を見られると思うと、その瞬間に人は意識して勝手に姿勢をよくしようと変えちゃう。だから、挨拶する前の自然な状態を見ます。セルフで行う場合は、スマートフォンのカメラを回して、なるべく自然体でカメラの前に立ってみましょう。きれいに立とうとか、背筋を伸ばそうとか意識しないで……。

　どうですか？

　肘の内側はどう見えています？　両足の爪先は開いていますか？　閉じていますか？　肩に力が入って常に首をすくめたような姿勢になっていたりしませんか？

　初めてトレーニングする人は生活によってできたクセが、トレーニング中級者以上の方は今までのトレーニングによって蓄積したクセがあります。

　この「姿勢チェック」によって、ご自分の身体のクセを掴むと、トレーニング時に起こる「痛み」を避けたり、「効かせる」ことができるようになってきます。

姿勢チェックで見るところ

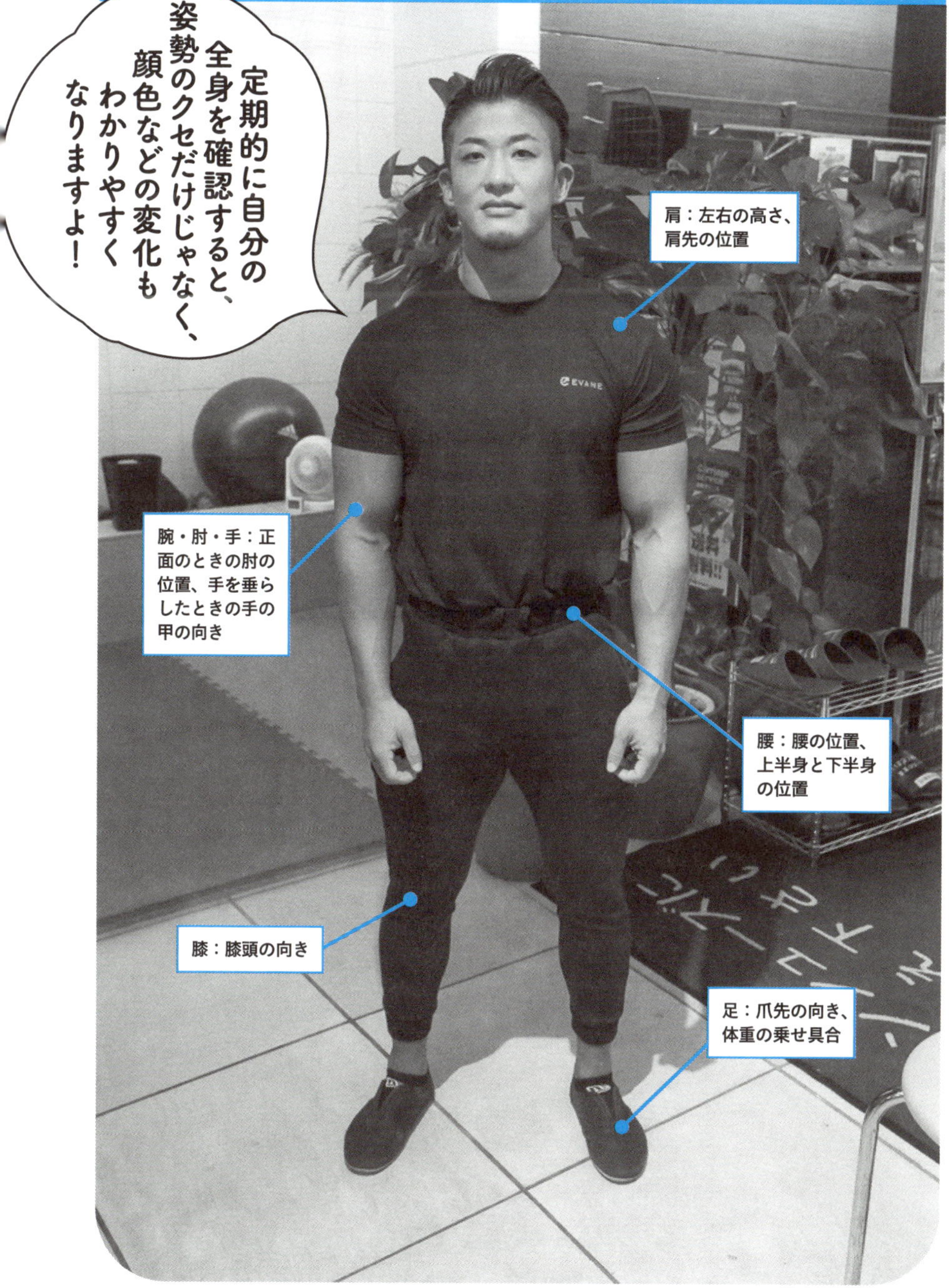
定期的に自分の
全身を確認すると、
姿勢のクセだけじゃなく、
顔色などの変化も
わかりやすく
なりますよ!
肩：左右の高さ、肩先の位置
腕・肘・手：正面のときの肘の位置、手を垂らしたときの手の甲の向き
腰：腰の位置、上半身と下半身の位置
膝：膝頭の向き
足：爪先の向き、体重の乗せ具合
EVANE

上半身の歪みを見る

上半身は肩のクセに要注目！

全身を見るときはざっくり4つの部位でイメージを掴みます。

上半身下半身とそれぞれの左右ですね。この内、まずは上半身から見ていきます。

まずは前ページでも指摘した「肩の高さ」をはじめとして、肩の左右差を確認していきます。肩の高さが左右で違う人は結構います。肩の高さが違う場合は、巻き肩や背骨や骨盤の歪み、猫背になっているなどが考えられます。

そして、肘や立って腕を垂らしたときに、手の甲がどちらを向いているかも重要です。通常ならば立ったとき、肘は身体の後ろを向きます。これが外を向いていても巻き肩気味です。また、巻き肩は、肩甲骨が常に開き気味のため、肩のラインが丸まってアーチ状になっていることも多いです。また、肩先が正面から見て見えすぎる場合も巻き肩です。巻き肩は、大胸筋の緊張状態が強い状態で、ベンチプレスのときにアーチを組みづらかったり、胸郭に空気を入れづらく、腹圧をかけづらくなるなどの原因になったりするので要注意です。

まずはざっくりと上半身の左右差を確認しますが、ここで生じる歪みは上半身だけが原因ではないので、次に下半身を見ていきます。

肩幅に足を開いて自然にバンザイしたときに、腕が耳寄り前に来る人も巻き肩の可能性が！

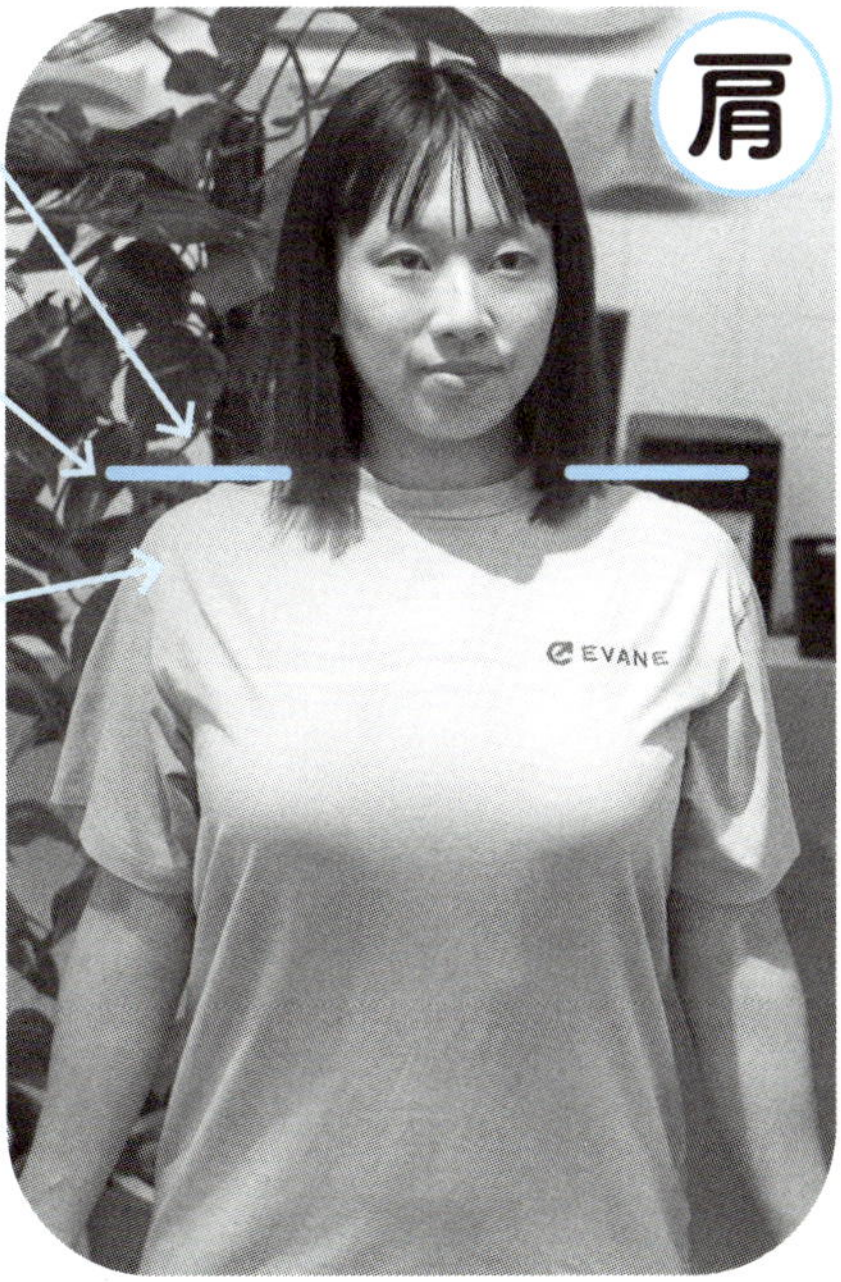

左右の高さ：

左右の高さに差があると巻き肩の可能性

肩のライン：

一直線になってる？アーチが強いと巻き肩傾向

肩先の向き：

肩先が前を向きすぎだと巻き肩傾向

これらのサインがあると
巻き肩の可能性大。
P46の種目を
やってみましょう！

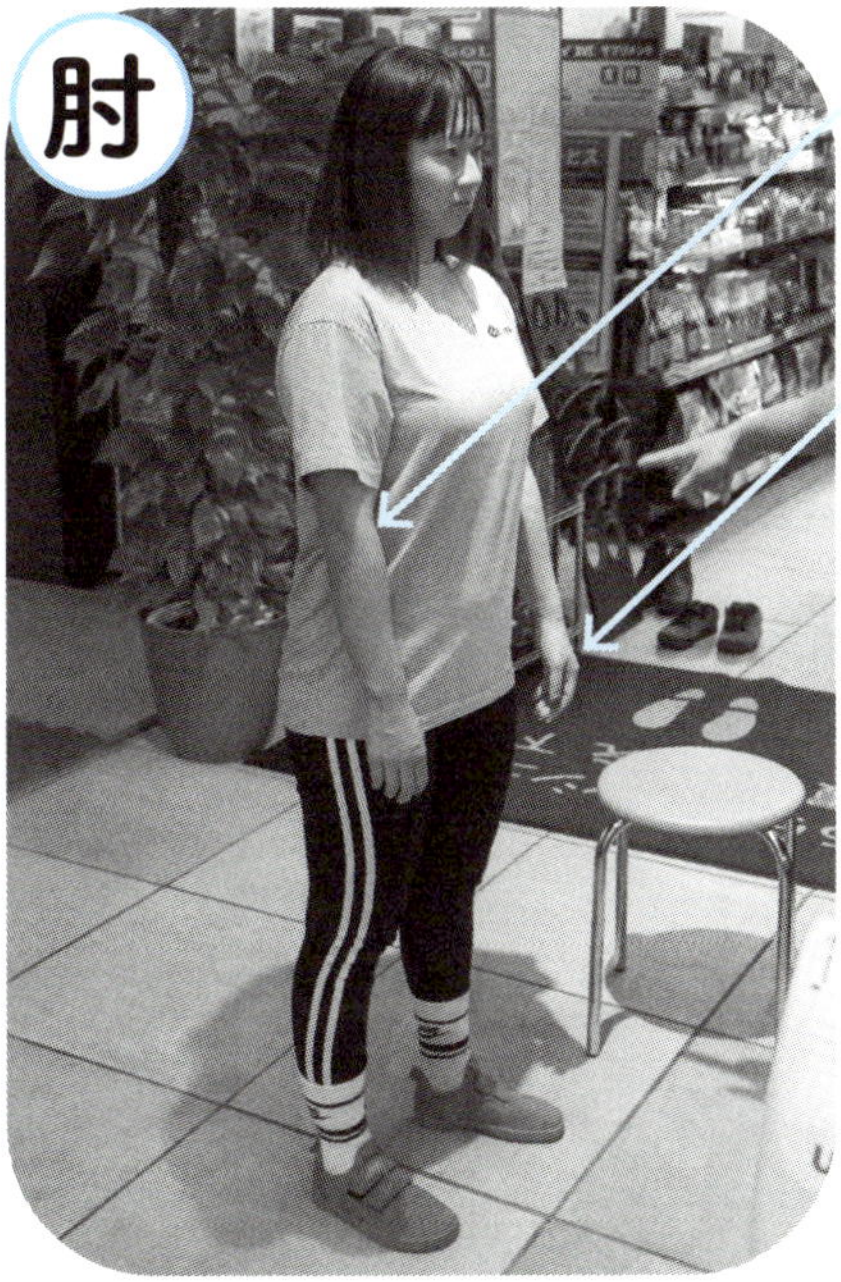

肘の向き

体側に垂らしたとき後ろなら正常。横だと巻き肩

手の甲：

体側に垂らしたとき手の甲が前側だと巻き肩

左右差：

肘や手の甲の向きに左右差がある場合も、上半身になんらかの歪みがある

左右で差が出てくると、
身体の使い方の
左右差などが強い
傾向にあることがわかる

下半身の歪みを見る

しっかり上半身を支えてる？

巻き肩については上半身を見るだけでもわかります。しかし、大抵の場合は肩だけの歪みに収まらず、下半身と連動して歪みを生じています。

例えば、僕の場合は、左足が外旋していて上半身は左の広背筋が硬いから左側が下がっています。それを無理やり、首や肩の僧帽筋で引っ張ろうとするから、力みが生じてしまいます。

セルフチェックする場合は、鏡に向かって目をつぶってリラックスしたまま何度かジャンプをしてみましょう。強くジャンプする必要はありません。軽く何度かジャンプしたら、着地したそのままの状態で自分の左右の足の位置を確認してみましょう。どちらかの爪先が片側の爪先より外側に開いていたりしませんか？　または、どちらかの足が前に出ていませんか？

このチェックによって、自分の足が外旋しているか、内旋しているか、股関節で前後のズレが生じていないかがわかります。また上半身と下半身を繋ぐ骨盤も確認します。骨盤のどちらかに体重が乗っていれば、片側が下がっているような状態になります。その場合は、その側の足に常に負荷がかかっているということになります。上半身も下半身も、なるべくニュートラルな状態に改善していくことが必要です。

上手にしゃがむことができるかどうかもチェック。しゃがんだときに片方の爪先がズレたりしないか？

左右の高さ:

どちらかの側が下だと、そちらの脚に負担が大きく全身の歪みも

左右の脚の前後:

前後でズレがあると骨盤の前後差や大殿筋の硬さに左右差

膝の高さ:

椅子に座ったときの膝の高さに差があると、骨盤に歪みの可能性

骨盤の角度:

前傾がキツイと反り腰の可能性。後傾がキツイと猫背に

組む脚がいつも同じ人も骨盤の左右差が出てるので要注意!

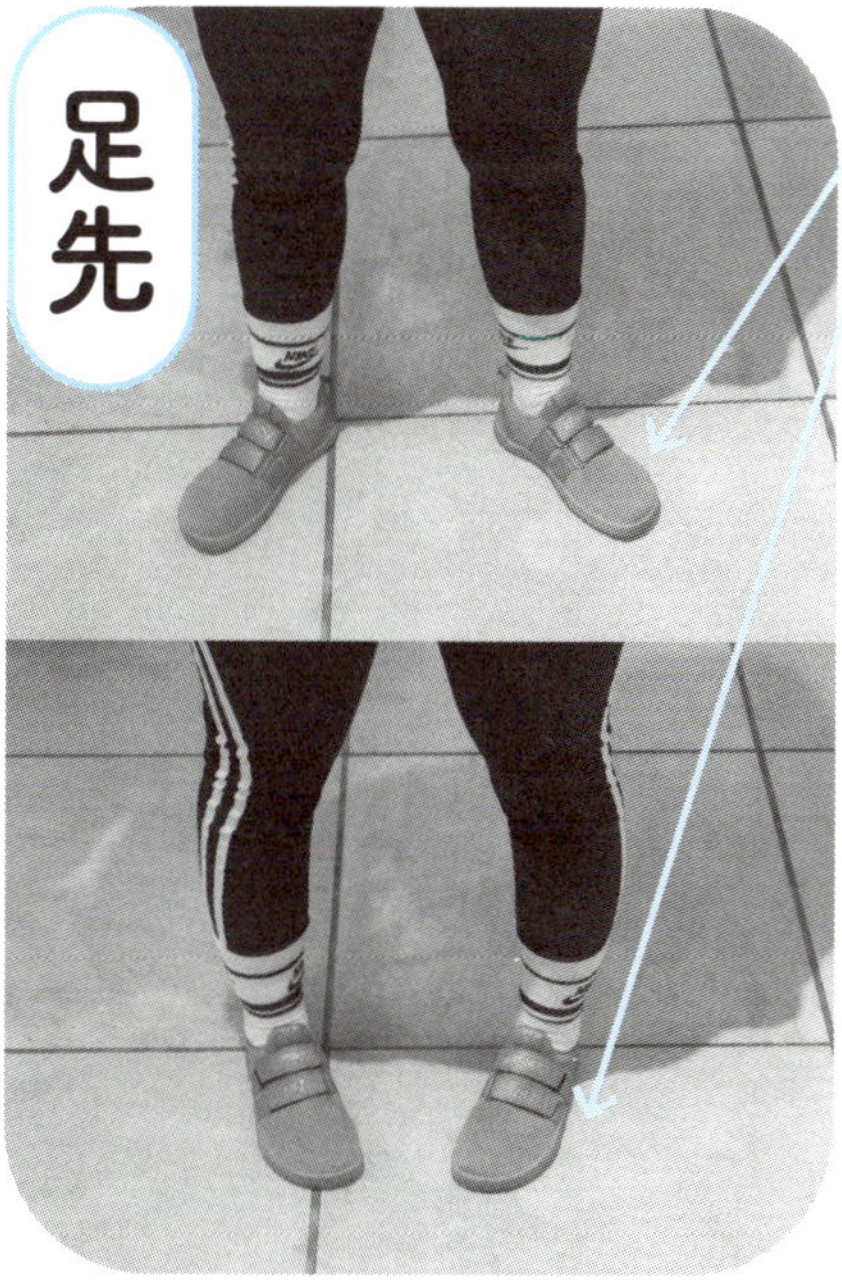

足先の向き:

開いている(外旋)と中殿筋(お尻)や梨状筋(股関節)が硬い、閉じている(内転)と内転筋(内もも)が硬い

左右差:

片方だけ向きが違う場合は、左右の歪みが生じている可能性

前後差:

足先が前後にズレていると大臀筋や脚の筋肉の左右差などの可能性

数回リラックスしてジャンプして着地するとわかりやすいよ

自分では気づかなかった身体のクセを理解し、トレーニングが変わった!

2024年3月10日に、シャイニー薊《あざみ》さんのシャイニージムにトレーニングに行った際、持田さんと薊さんがトレーニングコラボ動画を撮影しており、そのときに初めてお会いしました。

彼のパーソナルを受けようと思った理由は、今まで自分なりに理解していたつもりのトレーニング理論やフォームに対して、さらに深い視点や新たな発見を求めたかったからです。

実際に受けて思ったのは彼の指導は競技者対象だけじゃないってことです。初心者の方なら怪我なくトレーニングを始められるだけでなく、基礎をしっかり学び、最短で目標に向かう効率的なプログラムを提供されて、無駄のないスタートが切れます。

中上級者なら、停滞期を打破したい方に最適でしょう。フォームの見直しや悪癖の改善、新たな刺激を取り入れ、さらなる成長を目指せます。特に成長が鈍化していると感じる方にはぴったりです。

もちろん、競技向けの微調整や専門的アドバイスが受けられるため、上級者には舞台でのパフォーマンス向上や戦略的トレーニングが可能と、各層のニーズに応じた柔軟なアプローチが特徴で、どのレベルでも成長を実感できると思います。

彼のパーソナルを受けたことで、自分では気づけなかった身体のクセを理解し、それに合わせたトレーニングを普段のメニューに取り入れることができるようになったと思います。

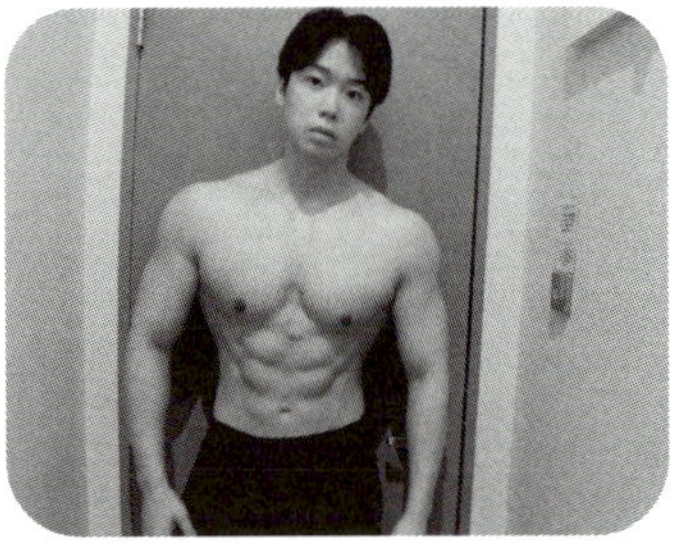

写真／本人提供

おかずもちの筋肉生活【持田教利】より

ディーサンさん

筋トレや美容の情報を発信するYouTuberとして、登録者数23万9000人超を誇る。実践を伴う情報発信、論理的で穏やかな語り口調で幅広い視聴者にウケている。https://www.youtube.com/@d-sun

part 2

トレーニングのアプローチ

高重量？低重量？

持田はいったいどっちなんだい！

芳賀セブンくんの動画に初めて取り上げられた頃から僕を知っている人は、いまシャイニー薊さんや山澤礼明さん、ディーサンの動画での僕がやっている「高重量をぶん回す」トレーニングを見て、違和感を覚える人もいるかもしれません。

なぜなら、最初の頃の僕は、「2kg」のウエイトがフィーチャーされまくっていたので！パーソナルのクライアントさんにもよく言われるんです。「あれ？　2kgのダンベル使わないんですか？」って。

結論をお話ししますと、**「どっちもやったほうがいい！」**です。

どちらのメリットも捨てがたい。なら両方やっちゃおう！

高重量・低重量にはそれぞれの役割とメリットがあります。それぞれの目的を把握して、どちらも並行して行うことで、僕が提唱する「キカトレ」の基本コンセプトである「身体を一番いいポジションにし、筋肉を正しく動作させたり、呼吸を正しく行い、身体に本来の動きを取り戻させる。その上で、負荷を乗せてトレーニングを行う」を実践できるようになる、というわけです。

高重量のメリット

- 全身の連動性が高まって身体能力が向上する
- 血流が増加し、心肺機能が向上する
- カロリー消費量が多くなり、減量効果もある
- テンションが高くなってモチベーションが上がる
- 体幹が強くなり、多くの種目で扱える重量が上がる
- 多くの種目で重量が上がるので、全身の筋肉量を増やせる

低重量のメリット

- 重さを捨てて機能解剖に則って動作をすることで、力みや歪みを解消できる
- 力みや歪みを解消できると、効いてくる
- 狙った部位への神経伝達が活性化し、マッスルコントロールしやすくなる
- 発達しにくかった部位に刺激を与えて活性化できる
- 苦手部位を発達させバランスのいいボディメイクを可能にする
- 低重量なので、初心者には恐怖感なくやりやすい

なりたい身体と苦手意識を把握!

自分の身体の現状と理想を記録しよう!

トレーニング初心者はもちろんのこと、中上級者でも「こういう身体になりたい」「ここをもう少し大きくしたい」といった目標や理想があると思います。この理想がとても大事!

ボディメイクで大切なのは、「なりたい自分」を明確にすることです。「なんとなく運動不足解消で」とか、「〇〇の数値が悪くて運動しろと言われたから」という理由で始めるのもいいですが、それだとトレーニング自体を楽しめなくて、結果として長続きしなくなってしまいます。

なので、自分のなりたい姿を明確にして、文字で書き残しておきましょう。また、理想の身体を切り抜いて、いつも見られるようにしておいてもいいかもしれません。

同時に、自分の現在の身体も比較できるようにしましょう。P20〜23でセルフチェックした身体のクセや歪みを記録しておきましょう。

可能であれば、パートナーに定期的に客観視してもらったり、一人でも写真や動画で記録することもいいでしょう。トレーニングを続けることで、自分の身体の歪みが少しでも解消していることがわかると、筋肥大だけが目的じゃない人でも、モチベーションが維持できると思います。

体重にとらわれるより、ボディシェイプを目標にしたほうがいい身体になれます!

ボディメイクのための目標設定

理想の身体、トレーニングの目標

現在の自分の気になったクセや歪み

トレーニング中に気になった点

トレーニングプランの考え方

高重量と低重量、どう組み合わせる？

高重量と低重量のトレーニングをどう運用していくか？　おすすめは2パターンあります。一つは高重量2週間、その後の1週間を低重量と組み合わせるパターンAです。

2週間、週3でもいいので、高重量を全身で上げる種目でしっかり追い込みます。でも、ずっと高重量を続けるのは精神的にもハードだし、高重量をぶん回すことに慣れてしまうと、今度は細かい筋肉に刺激を与えられなくなる。それに神経や脊髄などに疲労が蓄積して、なかなか回復しなくなってしまいます。その意味で、2週高重量をやったら、間に1週低重量のコントロールする種目をやる期間を挟むことで、神経系の疲労や脊柱への負担がリセットもできて、再び重いのを持てるようになります。

2つめは1回のトレーニングで両方入れてしまうパターンB。これはパターンAの高重量期間を80％、低重量を30％の力でやるとしたら、こちらのときはトータル60％程度に抑えます。種目数も絞って、時間も短くします。

忙しい人は、パターンBにして、その分週4日、1時間以内でもいいからトレーニングする日を設けるといいでしょう。

トレーニングルーティンは必ずしもこれという正解はないので、ライフスタイルやその時期に目指していることに合わせて試行錯誤しましょう！

ライフスタイルに合わせてチョイス

時間を取れる人向け（パターンA）

- 高重量はしっかり毎回追い込む（80%くらいまで）
- 全身の連動性を意識してぶん回す
- 高重量２週が終わったら、低重量の週を挟む
- 低重量週は神経系や脊髄の回復に努める
- 低重量週は細かい筋肉をしっかり意識

高重量80%の力で → 低重量30%の力で

2weeks　　1week

忙しい人向け（パターンB）

- 高重量と低重量を組み合わせる
- １回のトレーニングは１時間弱でもOK
- 週４日はなんとか確保したい
- 高重量は追い込みすぎない
- 毎日高重量にトライできるので、重量アップを目指す人にもよし

高重量＋低重量　TOTAL60%ぐらい

種目の組み方とかは
P83で解説しているよ！

考え過ぎだった自分に、新しい知見や視点を与えてくれた！

2024年の1月31日に芳賀セブンさんの紹介でお会いしたので、ちょうど1年くらいになりますね。直接お会いする前から、動画などを見て、筋トレに対してのアプローチ方法にあらゆる知見を用いているなという印象を持っていました。実際にお会いしてみると、明るくポジティブな人でした。

自分の場合は、トレーニングに対して常に主観的に考えすぎてしまう傾向があり、それに対して盲信してしまうことがありました。

そんなとき、持田さんと合トレをする機会があり、新たな知見を得ることができました。またその知識は自分が納得のいくものだったので素直に教えてほしいと思えましたね。

持田さんのトレーニング指導は、受ける人のレベルに関係なく、どんな層・どんなニーズの人にも、その方の身体つきやバランス、クセ、感性などを考慮して、筋力が伸びやすいトレーニング方法を提案してくれます。また、ボディビル競技においても、ご自身が大会に出場されていることもあり、審査基準に則った身体つきになるような身体の使い方やポージングを提案してくれます。

自分自身は、怪我の影響でフリーウエイトからしばらく離れていたのですが、持田さんの指導をきっかけにフリーウエイトをメインに組み込むようになったのも、大きく変わったところです。それに応じて、僕のジムもフリーウエイトメインにしたくらいです。

写真／本人提供

※「SHINY GYM」は京王八王子駅の目の前！
https://shiny-gym.com/

シャイニー薊さん

筋トレに対する情熱とこだわりに定評があるYouTuberにして、自身のジム「SHINY GYM」のオーナー。調理師免許も持っており、ボディメイクに役立つレシピも人気。https://www.youtube.com/@shinygym

part 3

土台を作る「BIG3」

まずは「BIG3」から始めよう！

身体の「土台」を作る基本的な種目！

もしあなたが筋トレ初心者なのであれば、僕が真っ先におすすめするのは「BIG3（ビッグスリー）」と呼ばれる種目です。

　BIG3というのは、主に胸の筋肉を鍛えるベンチプレス、背中やハムストリングス（太ももの裏）を鍛えるデッドリフト、そして脚を鍛えるスクワットの3種目を指します。この3種目は、筋トレの中でも大きな筋肉を中心に多くの筋肉を動員し、複数の関節を連動して動作を行う「多関節種目」（コンパウンド種目）と言われるものです。

　でも、僕が登場する友人の芳賀くんの動画を見たことがある人ならば、「あれ？　なんで持田がBIG3を推奨するの？」と思うかもしれません。最初に芳賀くんの動画で僕がBIG3をやったときは、「マッチョな見た目なのに全然上げられない人」として出ていましたからね。

　あれは演技だったのかと思われることもありますが、ガチです。実は、あれこそが、僕の伝えたいことを象徴しているんです。

　芳賀くんと出会って、パワーリフティング競技に出ることになって、改めて、「全身を使って重いものを持ち上げることでしか得られないものがある」ことを痛感しました。


どの種目も大きな筋肉を動かすので、この種目だけでも相当な運動になります！

BIG3とはこれらの種目！

ベンチプレス

大胸筋を中心に、上腕三頭筋や三角筋など上半身の多くを使う種目です。一般の人でも知っている、ポピュラーな種目です。一説では、ベンチプレス100kg上げられるのは日本の人口の１～2%ともいわれています。愛好者も多く、毎日ベンチプレスを行う人もいるほどです。

スクワット

高齢者の方は下半身の衰えが早いので、ぜひともおすすめしたい種目です。おもに大腿四頭筋（太ももの前部）や脚全体・大殿筋を鍛えられる種目です。マシンによる脚部のトレーニングよりも、体幹などを同時に鍛えられるメリットがあります。こちらも非常にきつい種目です。

デッドリフト

脊柱起立筋（腰）や広背筋（背中）、臀筋（お尻）やハムストリングス（裏腿）などを鍛える種目です。非常にきつくて回復に時間がかかるため、週に何回もはできないのが一般的です。怪我もしやすいと言われますが、フォームさえしっかりできていれば腰痛予防にもなります。

フリーウエイトとマシントレーニングの違い

ボディメイク偏重の功罪

芳賀くんとのBIG3挑戦動画は、僕の「キカトレ」が、単に「軽い重量を対象部位に効かせて、ボディメイクに特化するトレーニング」と一線を画すようになったきっかけです。

ボディメイクに特化してコントロールして軽い重量でやることも大事なんですが、それだけだと本来持っている身体能力や動作を制限してしまい、逆に下がってしまうこともあるんです。

マシンを使ったトレーニングでは、動きの軌道はあらかじめマシンで設計されています。だからこそ初心者には安全だし、中上級者には効かせやすいとも言えるんですが、反面、上手な身体の動かし方や、おもりを持ち上げるときの身体の「軸」の使い方などを身体で覚えることが難しいと言えます。

ウエイトトレーニングの動作の多くは、突き詰めて言えば、床やベンチとおもりがあって、その間に身体（の部位）が挟まれているという状態です（デッドリフトなど引く系の種目は除く）。この状態で、いかに床やベンチを足で踏んだり、肩甲骨を押さえつけて生まれる力を思いっきりおもりに伝える力を強くできるかが重要です。フリーウエイトを使って、こうした感覚を身につけることは怪我を防ぐためにも有効です。

バーベル（フリーウエイト）は制限が少ないゆえに、自分でコントロールする必要がある！

ベンチプレス

ベンチプレスの場合は、ベンチと接する肩甲骨が出力を決定します。ここをしっかり固定するのが大事！

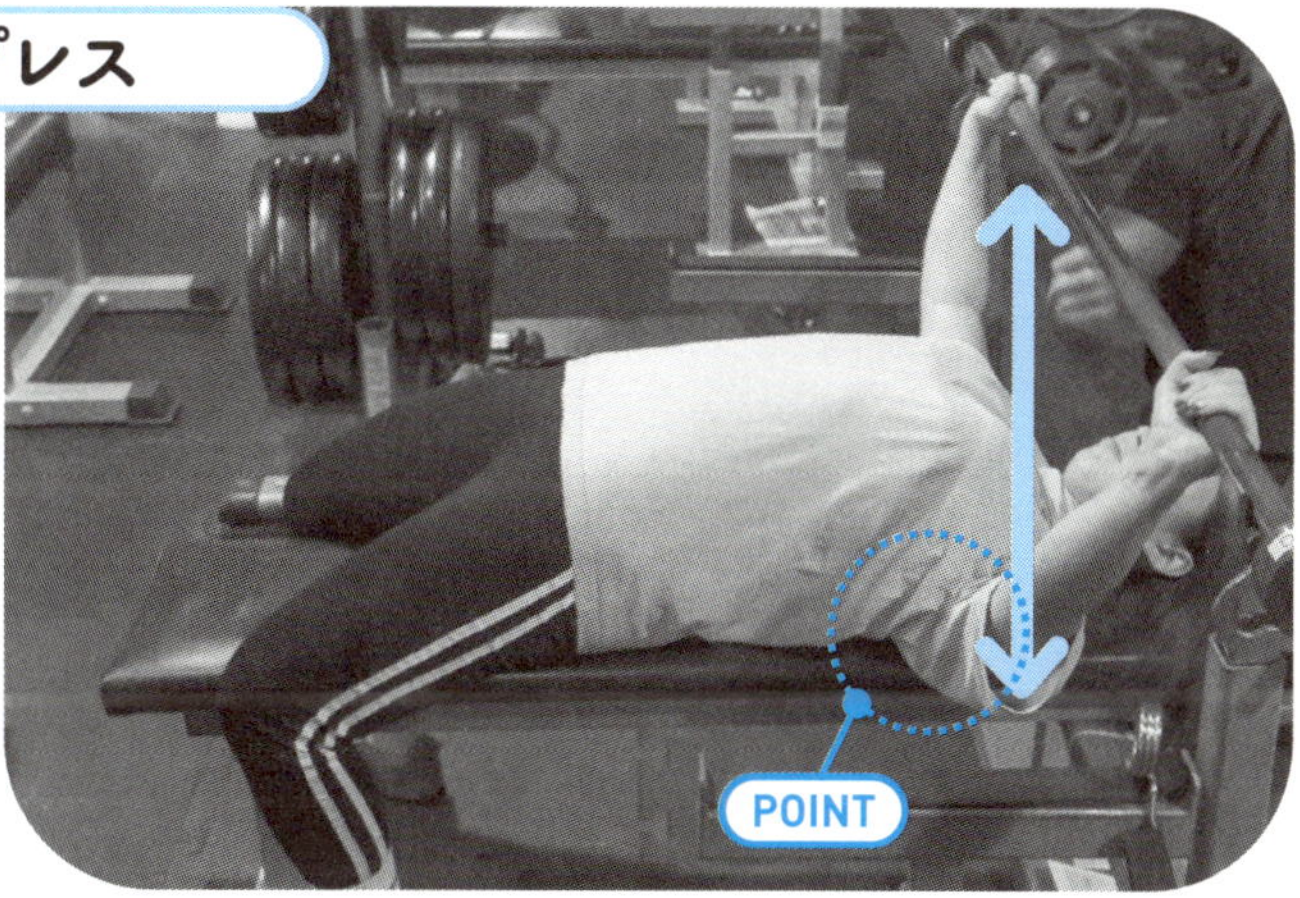

スクワット

スクワットの場合は、床と接する足です。この足とバーベルが上下する軌道を、縦にまっすぐ一直線にするのが大事です。

デッドリフト

デッドリフトの場合は、他の２種目とは違います。床と接する足が重要なのは一緒ですが、上半身でバーベルをぶら下げて支えます。床と接する足と肩を起点にぶら下がるバーベルの上下の軌道がズレてしまうと、腰に大きな負担がかかってしまうので、ここをまっすぐ一直線を意識するのが大事です。

BIG3をやることのメリット

「効かせる」ためにも重要なBIG3

BIG3でベースを作っておくと、狙った部位をネチネチと鍛える「低重量で効かせる種目」にもメリットが波及します。

BIG3で鍛えられるのは、それぞれ大胸筋や脊柱起立筋、大腿四頭筋やハムストリングスと個別の筋肉名を挙げることもできますが、基本的にはざっくり言って「全身」や「体幹」が鍛えられます。

太い幹の木であれば、枝や葉、実が大きくなってもがっしりと支えられますよね。つまり、BIG3で重いウエイトを扱うことに慣れて、体幹がしっかりしてくると、細かい筋肉を狙う種目でも、重いウエイトを扱うことができるようになるんです。

トレーニングでは、漸進性過負荷《ぜんしんせいかふか》の原則というものがあります。段階的に負荷を上げていき、徐々に前の負荷を上回る負荷をかけることで成長するという大原則です。

幹がしっかりしていない状態では、個別の筋

BIG3が正しいフォームでしっかりできるようになると、後々細かい筋肉を鍛えたいときにも必ず役に立ってくるし、日常の「動き」にもよい影響が出てくる！

肉を狙う「効かせるトレーニング」でも、上げられる重量が早く頭打ちになってしまい、成長が難しくなります。BIG3によって体幹を鍛えておけば、枝葉もまた、鍛えることが容易になるんです。

マシントレーニングをやってきて、成長が伸び悩んでいる中級者の方がいたら、ぜひフリーウエイトでBIG3をやってみてください。

減量にも効果的

また、僕自身の体験で言えば、軽い重量で効かせるトレーニングをやり込んでいたときは、心拍数も上がらないし、汗もほとんどかかなかったんです。ところが、BIG3やぶん回し系の高重量をやるようになって、めちゃくちゃ汗もかくし、何よりコンテスト前の減量が順調に進むようになったんです。

スクワットなどは、インターバルを短めに、回数を多めにやると心肺機能がめちゃくちゃ鍛えられます。汗をかく量もハンパじゃないです。

研究ではBIG3をやったあと、運動後過剰酸素消費量（EPOC）が上昇し、運動後も通常時より多くの酸素を消費⇒脂肪が燃焼される（アフターバーン効果）が高くなることが明らかになっています。あまた、大きな筋群が鍛えられるので、当然基礎代謝の量も大きくなります。

もちろん、重量アップや減量だけじゃありません。幹がしっかりしていれば、身体のブレがなくなるため、細かい種目でも怪我が少なくなります。

小さい筋肉を鍛えるときよりも、成長速度も速いので、初心者の方ほど達成感が得られやすいのもいいところです。

だから僕は、初心者の方ほどBIG3をおすすめするんです。

もちろん、最初から重いウエイトはできません。まずはバーからだけでもいいです。支点とおもりに挟まれる感覚。その間に軸を通して持ち上げる感覚をぜひ体感してください。

胸を鍛えるベンチプレス

意外と難しい超有名トレーニング

ベンチプレスはそれ自体の愛好者がいるほどポピュラーな種目で、トレーニングだけではなく、競技として行う人もいます。それゆえに、目的別にやり方も少しずつ異なる面があり、ネットを見てもいろいろなレクチャー動画があって、悩んでしまう人もいるのではないでしょうか？

持田式「キカトレ」流では、故障に繋がりやすい点を極力排除して、できる限り胸と体幹をしっかり使ってベンチプレスを行うことを目指します。

まずはプレートを付けず、バー（ベンチプレス用であればだいたい20kgが一般的）に触れて、ベンチに仰向けになった状態でバーを押し上げてみましょう！

1 バーを握る手の位置は人それぞれ

脇を軽く締めて肘のポジションを肩より下にした状態でバーをボトムポジション（胸〜みぞおち）に下ろしたときに、前腕が床に垂直になるくらいの状態からまっすぐ腕を上に上げてバーを握ります。まずはこれが手幅を基準。ここから始めて、経験の中で調整しましょう。ちなみに、ベンチプレスの動作中、前腕はどの方向から見ても床と垂直になっているのがもっとも力が入りやすいです。

② 肩甲骨上部をベンチに押し付け「支点」をしっかり作る

大切なのは「支点」作りです。身体の上にあって、両手で持ったバーベルの重さを支えるのは、ベンチに接した左右の肩甲骨がメインの支点です。さらにそれをサポートする力を出す「床を押す足」の4点が重要です。これに加えて、ベンチに軽く触れるだけの「お尻」は、位置によって足からの出力を上手に腕に伝えられるようになります。まずは両肩甲骨。さらに両足、そして尻のX字で土台を作りましょう。

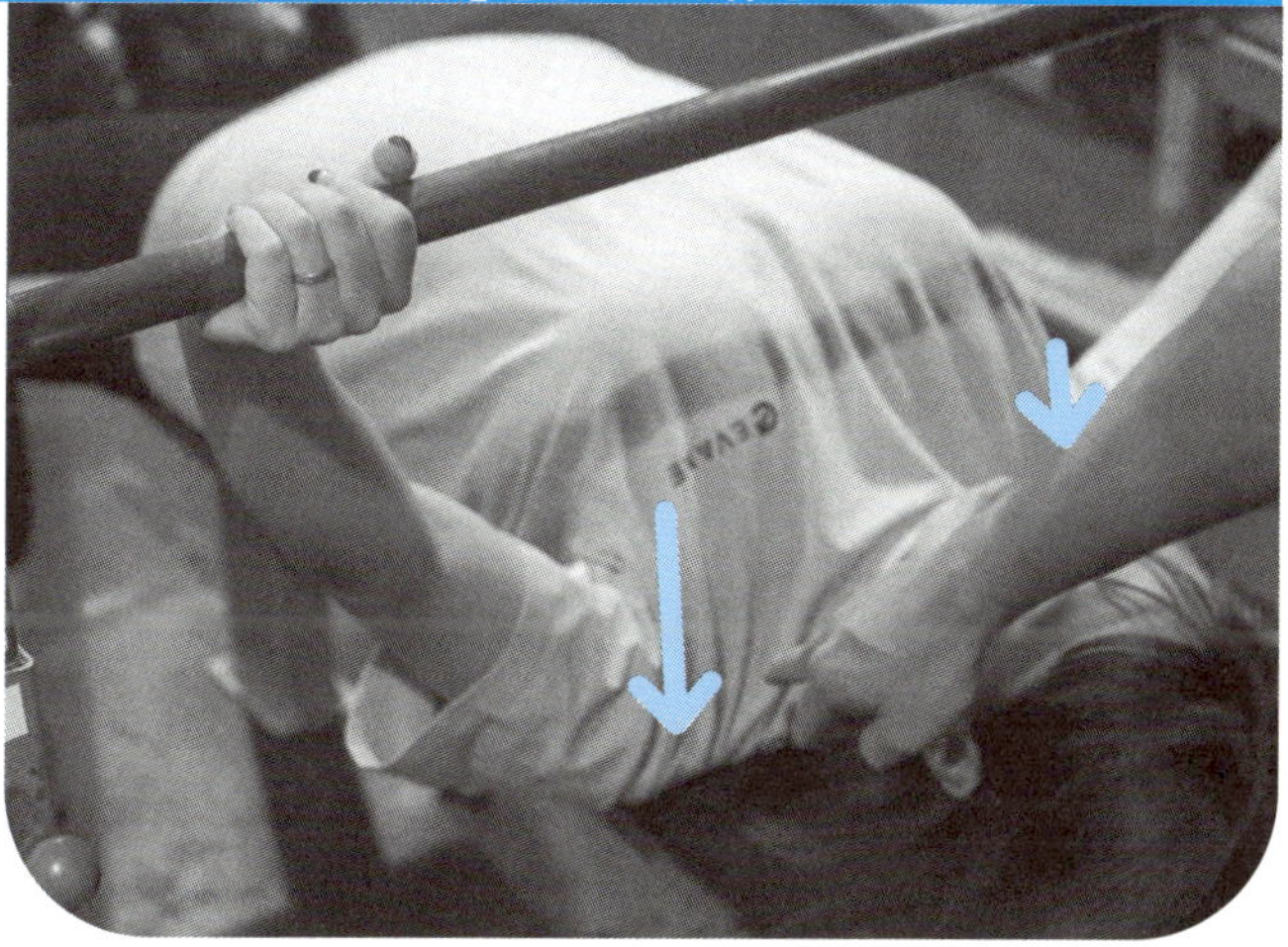

③ バーは握り込まないで、「手のひらで押す」感覚

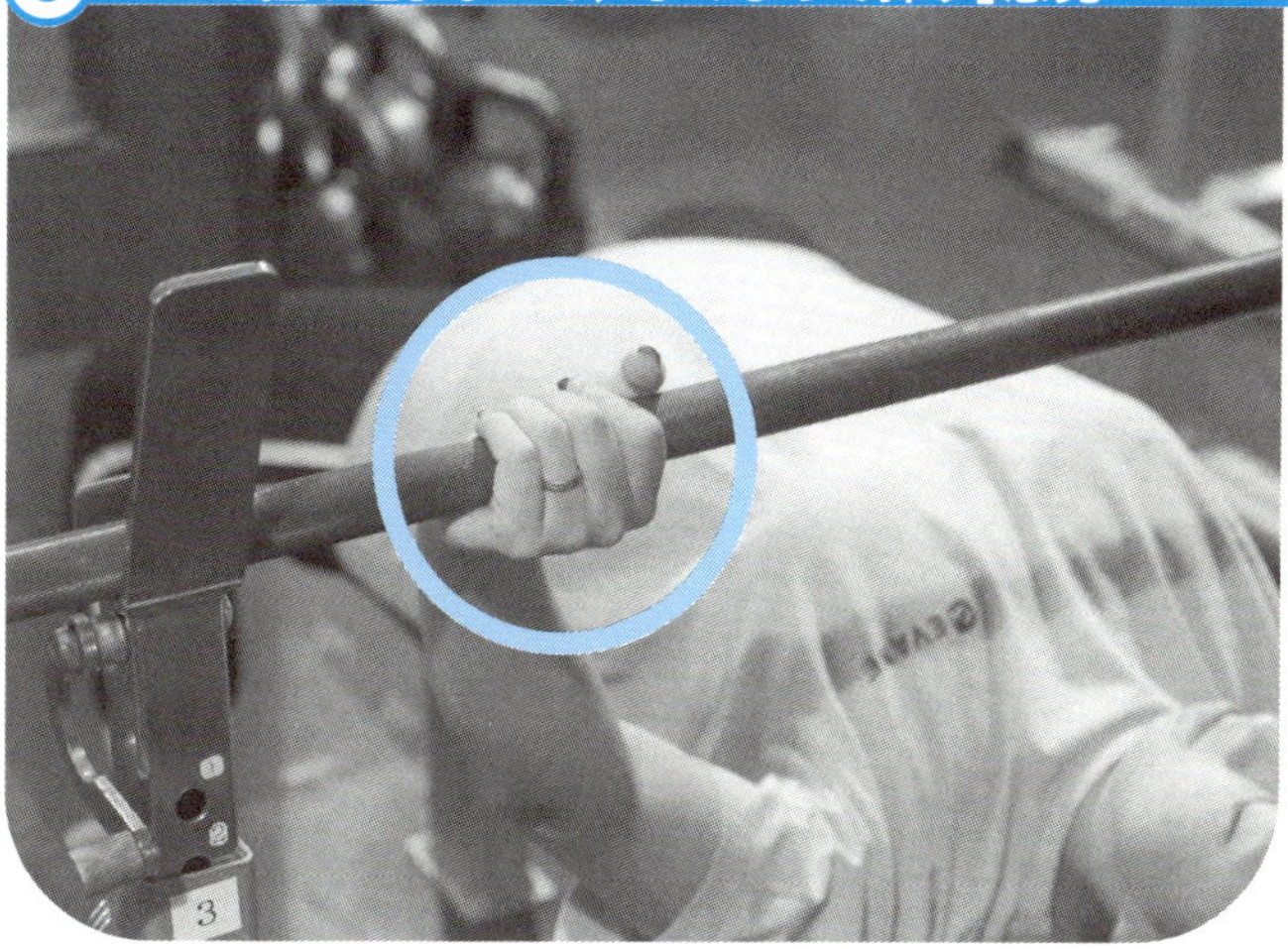

バーを握り込むと肩甲骨から上にきている「力」の向きがバーベルの重力とズレてしまうので、「手のひらの付け根辺りに乗せて押す」イメージを作って、それから軽く握るようにしましょう。

反り腰の人はブリッジを作ろうと無理に腰を反らさないように要注意！
ブリッジを組むときのアーチは胸椎を反らせることを意識してください。
特に反り腰の人が無理に腰を反らせてアーチを組むと怪我に繋がります！
フォームローラーなどで胸椎の柔軟性をつけましょう。
また、巻き肩とは逆に外旋位が強い「反り肩」の人は、
肩甲骨が寄りすぎて肩を傷めがち。
ブリッジを組むときに肩甲骨を過度に寄せすぎないように注意しましょう！

④ 胸をアーチ状にしてブリッジを作る

ここで注意したいのは背中をべったり付けないようにすることです。背中をべったりつけては、肩甲骨を支点にすることができず、支えるときに腕や肩に頼りすぎ、肩関節の故障などに繋がります。バーベルを肩甲骨で支えて押し上げようとすれば、肩甲骨がベンチに刺さるような感覚がわかると思います。この状態から大きく息を吸って胸に空気をためてください。胸郭が広がり、アーチがしっかり組めます。これでもブリッジがうまくできない場合は、肩甲骨の位置を固定したまま、足で床を押して身体をベンチの頭側にずらすように動かしてみてください。これで胸郭が上がってブリッジを組むことができます。

⑤ 足は床を踏み、肩甲骨から押し上げる力をサポート

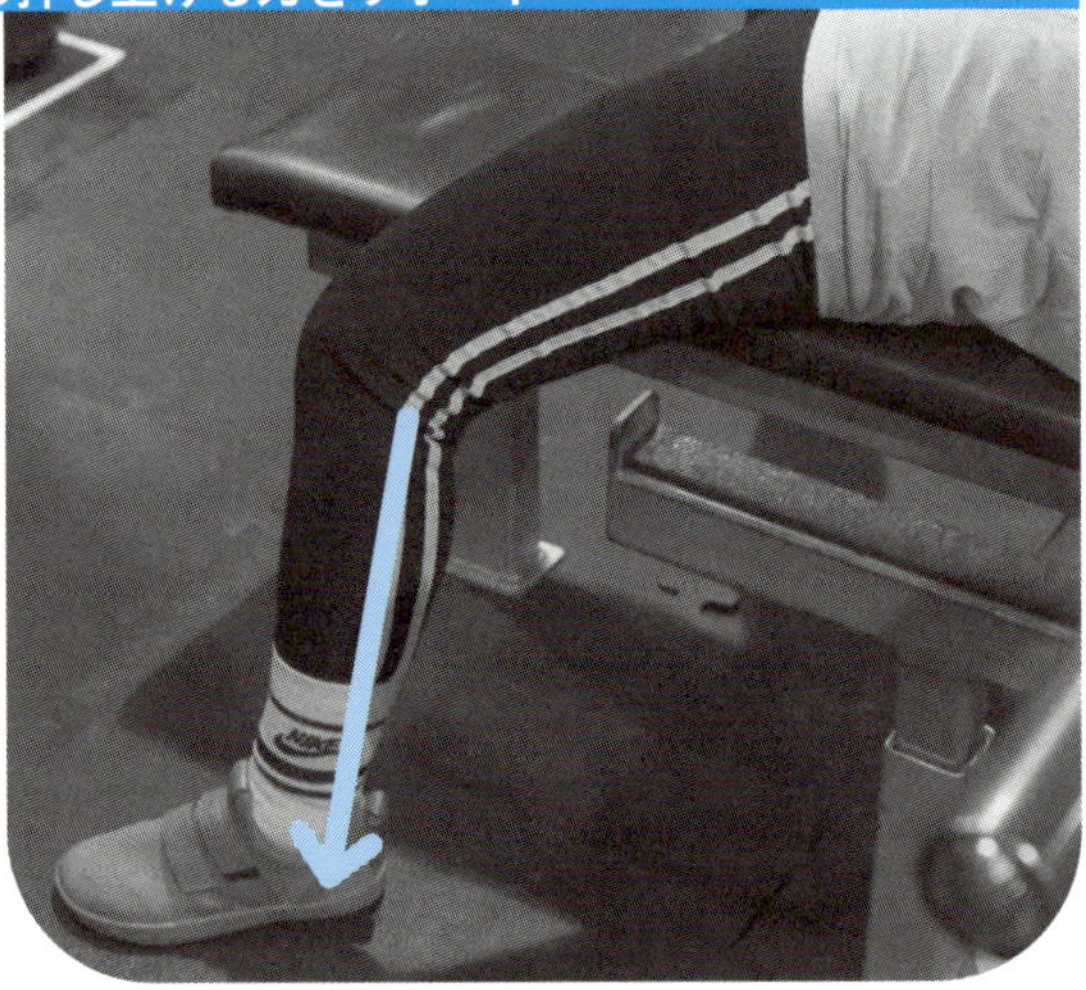

ベンチプレスの重量を上げるには足の力が不可欠です。このとき、足の位置が近すぎるとお尻だけが上がってしまい、アーチを組めず、サポートする力になりません。やや遠目に足を置くと、身体をベンチの頭側に動かす力となり、肩甲骨から押し上げる力を支えることができます。脚の幅は、最初はベンチ台を挟むように狭めにしたほうがいいかもしれません。これでお尻が天井に逃げずに、頭のほうに伝わる場合は狭めでいいでしょう。股関節が広めで脚が外旋気味の人（写真の例）は、広いほうが力を頭のほうに伝えやすいこともあります。自分の身体のクセに合わせましょう。足の力の入れ方がわからない場合、お尻をベンチにつけない「ケツアゲ」でコツを擱んでもいいかもしれません。

脇を開いて押し上げると肩を痛めます。
特に腕の内旋が強い巻き肩の人や、肩や腕の力が元から強い人は
脇を開いて上げようとしがち。セルフボディチェックで
巻き肩傾向があるとわかった人は、意識的に脇を締めるようにしましょう！
エクスターナル・ローテーションという種目で胸と反対側の
棘下筋（きょくかきん）というインナーマッスルを鍛えることで改善されます（P48参照）

6 ボトムでは「胸から迎えに行く」意識で

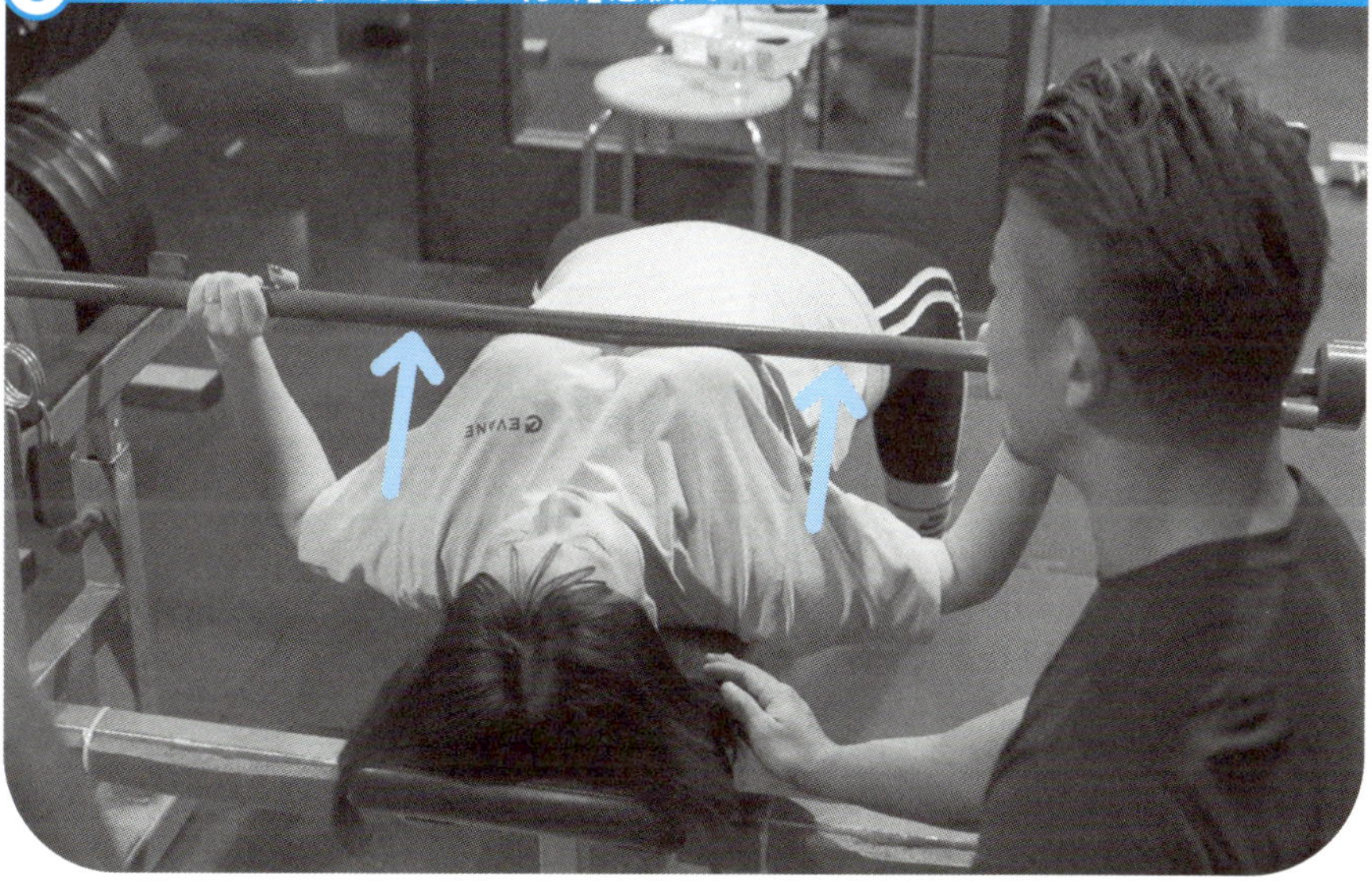

バーが一番下に来る時点で、「胸から迎えに行く」意識でいきましょう。腰や尻を上げて胸を上げる必要はありません。あくまでも迎えに行くという「意識」です。押し上げるときは脚の力もしっかり使うようにします。

難しく考える必要はありません。
ベンチに仰向けになっている自分に
天井が上から押しつぶそうとしてくるから
必死に押し返すと考えてみましょう。
全身の力を利用して一番押し返せるのが
ベストなフォームです。
全身の連動で押し上げるベンチが
しっかりやれていると、
最初は意外な重量でも息があがって
疲労感があるはずです。
それは、全身を使えている証拠。
慣れてくると腕だけで押したり、
肩が力んでいたときより、
重い重量をスムーズに、
痛みもなく上げられるようになります

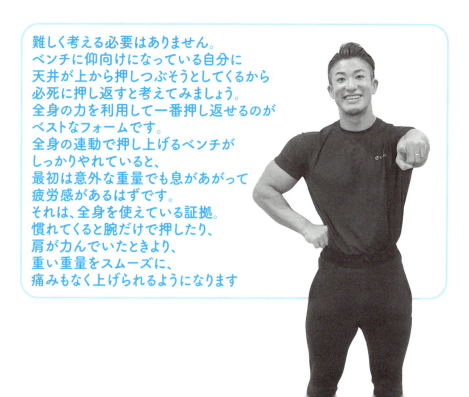

ベンチプレスを理解するための補助種目

脚の力を利用するコツがわかる！

ベンチプレスをしっかり行う上で、意外と難しいのが「足」や「股関節」の使い方。専門的には「レッグドライブ」といわれる動きです。なぜ難しいのかというと、それはベンチの上に仰向けに寝て、股関節を伸展させた状態で身体を頭側に押すという動きをしなくちゃいけないからです。

このレッグドライブの感覚を理解するのに有効なのが、座ってやるチェストプレスのマシントレーニングです。

座位なので足で踏みつける動きが把握しやすく、ベンチで身体を上にずらしてアーチを組む感覚も覚えやすいです。

チェストプレス

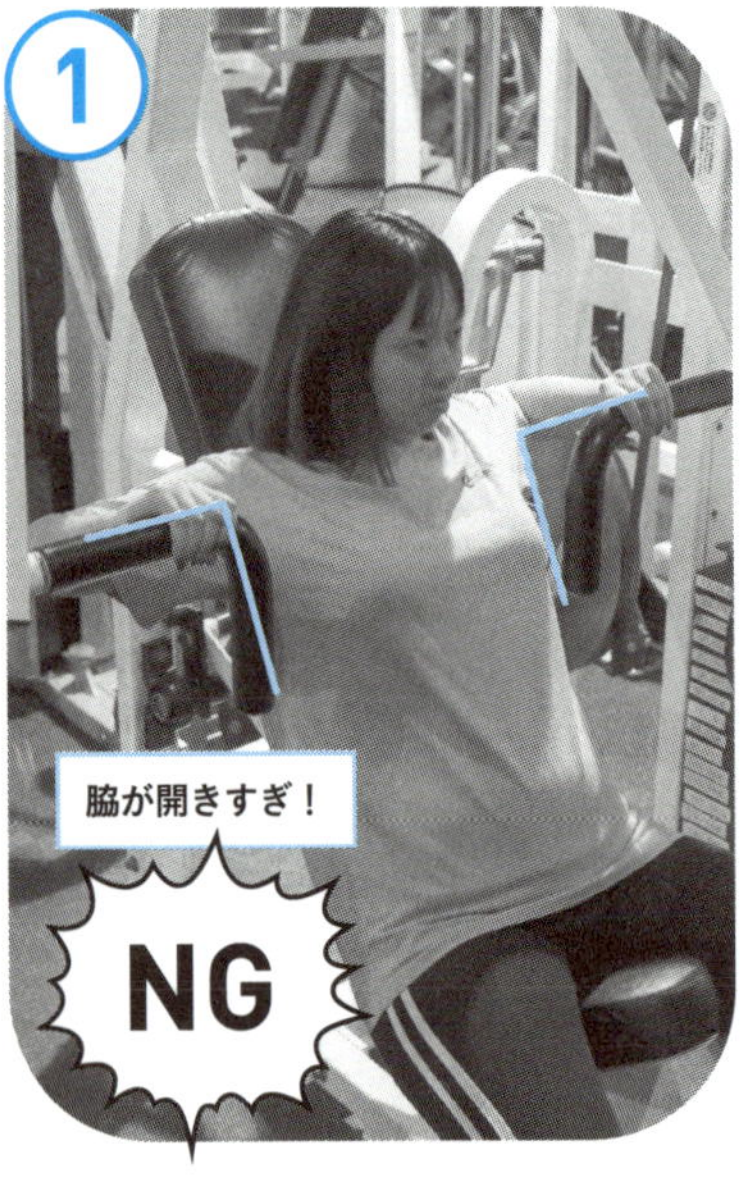

マシンの椅子を一番下まで下げた状態でいったんマシンに座り、マシンを押す姿勢を取ります。おそらくこの状態だと肩が上がった状態になると思います。これはベンチプレスでも肩を傷めるNG姿勢。

「腕立て伏せ」も補助種目として有効です。ベンチプレスはベンチに身体が固定されているから、初心者の人は体幹部を固めて持ち上げる感覚を理解しにくいです。腕立て伏せは体幹を固めないとできないので、股関節に力を入れてお腹を引き上げて体幹を固める必要があります。腕立て伏せをすることで、体幹をしっかり固めながら押すことの意味が理解できます！ 腕立て伏せもベンチプレス同様脇を開きすぎず、胸で上げるように意識しましょう

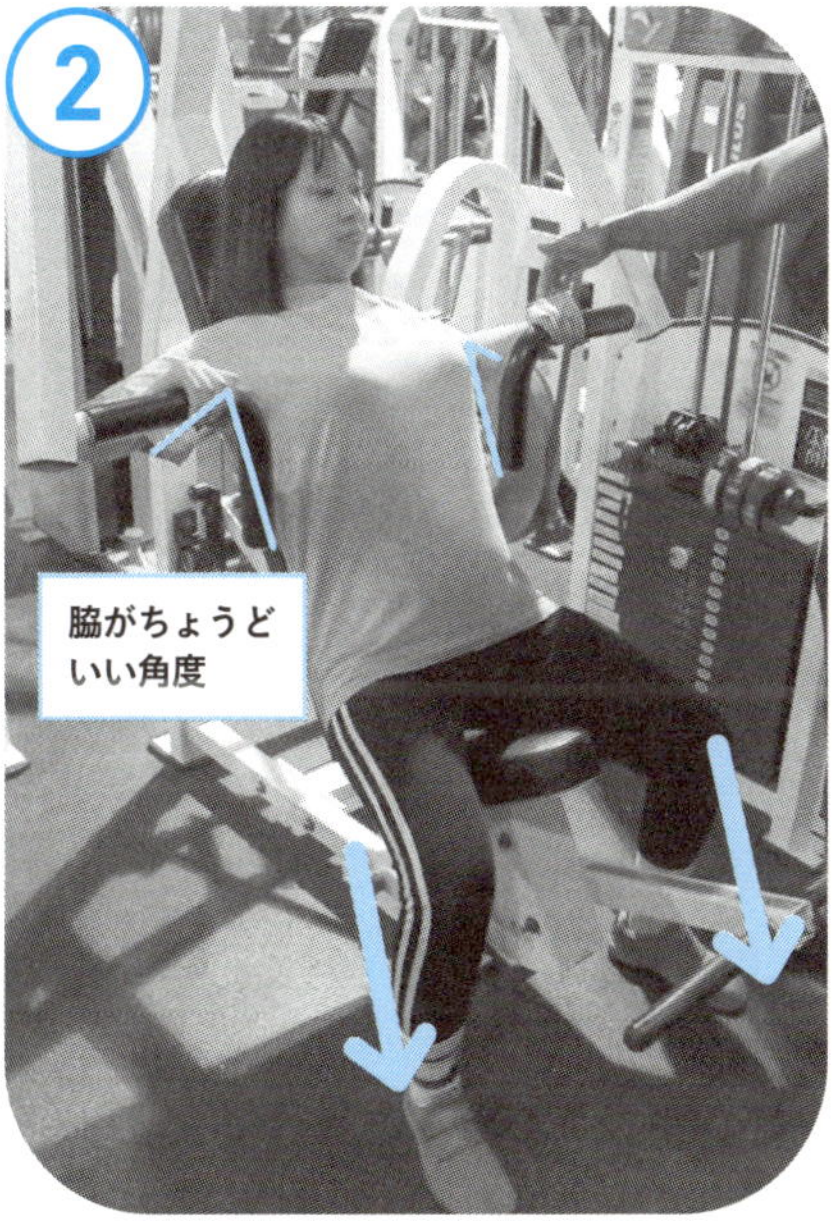

椅子で調整するのではなく、足で床を踏み蹴って身体を上のほうにずらして、肩が下がり脇が軽く絞れる位置まで身体を上げます。これでベンチプレスで仰向けになっているときにバーを押すのと同じに調整します。

グリップを押し出すときはベンチ同様脇を開かないようにして押し出します。肩もすくめたり力まないようにします。自分の体重が下に向かう一方で、床を足で踏めるので、「頭のほうに身体をずらすように床を踏む」感覚もわかりやすいかと思います！

こうすると足で床を蹴って、胸が張れて、肩甲骨も下制した理想的な状態の感覚を把握することができます。この足→股関節→上半身の連動している感覚を、仰向けのベンチプレスのときにもできるようになるのが目標です。

胸を張りづらい人向けの補助種目

巻き肩の人が弱い僧帽筋中部下部を狙う！

ベンチプレスで重要な「胸のブリッジ」。上腕骨や肩関節が内旋している、「巻き肩」の人は、これが苦手な人が多いです。

その理由はいくつかあります。大胸筋など身体の前側の筋肉が硬くなってると同時に、身体の後ろ側では、僧帽筋上部（首周りの筋肉）が緊張して肩甲骨が挙上しやすくなっていたり、逆に僧帽筋の中部下部が弱くなってる可能性が高いです。肩甲骨上部の緊張は、肩甲骨を寄せていることが考えられます。肩甲骨は寄せずに肩を後ろに引くようにしましょう。一方、中部下部が弱い人は、このシールローを取り入れてみましょう。

シールロー

45度くらいに斜めにしたベンチに腹ばいになり、胸を預けます。こうすることで、腰に力を入れず、純粋に上から下への重力を僧帽筋中部下部に一番入れやすい状態に持っていけます。

1

思いっきり握ってしまうと、肩が上に上がってしまい僧帽筋上部に効いてしまうので、あくまでも軽く引っ掛ける程度です。軌道もダンベルの内側がベンチに沿うくらい内側を通すイメージです

2
腰からではなく、胸だけを立てるように！

息を吸って胸だけ立てます。注意したいのは、腰から上げないこと。あくまでも胸だけ立てます。腕は脱力してただ下げた状態です。

3
人差し指と親指だけで軽く引っ掛ける

ダンベルは2〜3kgで十分。人差し指と親指だけで輪っかを作って、ダンベル上部に引っ掛けます。握らないで引っ掛けるだけ程度の意識。

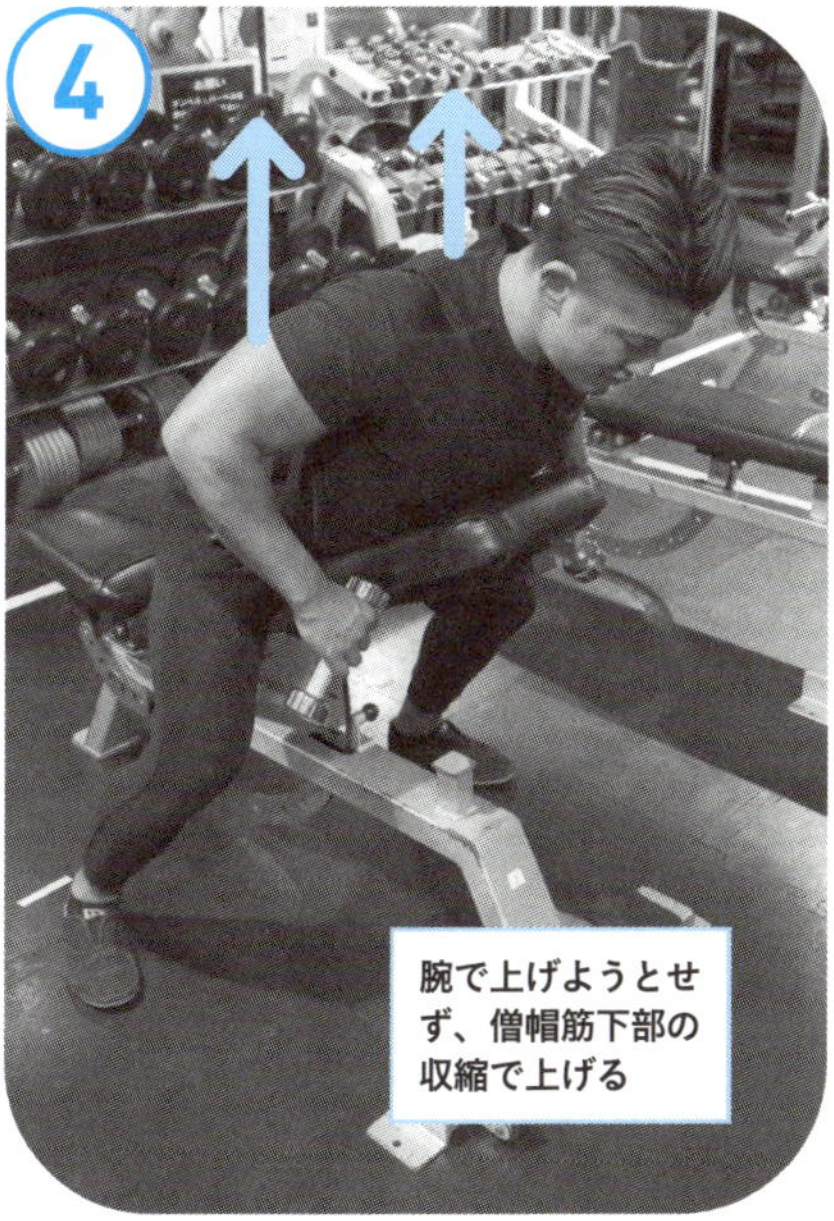
4
腕で上げようとせず、僧帽筋下部の収縮で上げる

ダンベルを上に引き上げます。腕で引き上げるというより、肩甲骨を寄せて僧帽筋下部の収縮を感じてから引き上げる感じです。

肩のインナーマッスルを狙い、上腕骨の内旋を改善！

もう一つ、巻き肩の改善によい種目を紹介します。巻き肩を改善することは、ベンチプレスにおいては胸のブリッジをしやすくして、より胸に効かせることを可能にしますが、それ以外の日常生活にも大きなメリットがあります。

代表的なところでは肩こりや首こりの改善です。これは、巻き肩になると先述したように僧帽筋上部が常に引っ張られて緊張された状態になります。これが肩こりや首こり頭痛を引き起こします。

小円筋や棘上筋・棘下筋などの肩関節のインナーマッスルを狙うエクスターナル・ローテーションは、巻き肩を始めとした肩関節の問題を改善するために効果的な種目です。

日常的なストレッチと同時に、ぜひ取り入れてみてください。

エクスターナル・ローテーション

左右どちらかの脇腹を下にして身体をベンチに預けます。ベンチは45度くらいに角度をつけてもいいですし、フラットでも構いません。肩が内旋させない意識を持つため、ダンベルを持たない手で肩を軽く押さえるようにするといいでしょう。おもりはごく軽いものでOK。持たなくてもいいくらいです。

これらの種目はセット間のインターバルのときとかにやると、効果が出やすいです。ただ、ジムによっては2カ所占有するのはマナー違反のところが多いので、そこは気をつけて！

脇を締めて、肘を支点にして上腕骨をワイパーのように動かします。この種目は肩関節の深層にある筋肉を狙う種目なので、三角筋などのアウターマッスルが動員されないように、無理に上のほうまであげたり、重い重量を使う必要はありません。

上げるときの手の向きも得意不得意があります。手のひらを外に向けた状態で上げると、棘上筋（上腕骨と肩甲骨を繋ぐ筋肉。肩関節を横に上げる外転のときに使われる）に負荷が乗ります。

逆に、手のひらが内側を向いた状態で上げると、棘下筋（同じく上腕骨と肩甲骨を繋ぐ筋肉だが、棘上筋の下に位置しており、肩関節を外旋させるときに使われる）に負荷が乗ります。ちなみに僕は棘下筋と肩甲下筋が弱いから、苦手な動作です……。

極端な外旋の修正とレッグドライブのコツ習得に！

ベンチプレスでは肩は外旋させて肩甲骨を内転・下制するのがいいので、肩の外旋についてては大きな問題になりませんが、極端に外旋が強い人は肩甲骨周辺のインナーマッスルと前《ぜん》鋸《きょ》筋《きん》のバランスが崩れている可能性があります。

巻き肩ほどではありませんが、これもあまりいいとは言えない状態です。この状態の改善に加えて、ベンチプレスにおける脚の使い方の理解の手助けになるのがこの種目です。

半身ワンハンドダンベルプレス

1
ベンチの外に右の
肩甲骨が出ている

ベンチの上に仰向けになって、片腕にダンベルを持ち、ダンベルを持っている側の半身をベンチの外に出します。

2
肩甲骨が下がり過ぎない
ように注意しながらダン
ベルを押し上げる

こうすると、出している側の肩甲骨が下に大きく下がろうとします。これを、息を吸って下がらないようにしながらダンベルを押し上げます。

3
NG
肩甲骨がベンチの高さ
より下がり過ぎている

力が抜けてしまうと肩甲骨が下がりすぎて、過剰なストレッチになるので、息を吸って肩甲骨の位置をしっかりキープしましょう。

左右の腕で上げやすさなどに差が出てくることがあります。この差をできるだけなくせば、ベンチプレスでも効率よく力をバーベルに加えることができるようになります！

4
足でしっかりと床を
踏みしめることで力
が生まれる

もう一つ重要なのは足です。上げるときに、ベンチの外に出している側の足で床をしっかり蹴らないと、うまくダンベルを押し上げられません。この足の力を上半身に伝えるのが、ベンチプレスでいう「レッグドライブ」の動きです。これを両足でできるようになればベンチプレスも向上します。

脚を鍛えるスクワット

全身の力を強化できる「キング・オブ・エクササイズ」！

スクワットは、大腿四頭筋・ハムストリングス・臀筋（お尻の筋肉）など下半身全体に効果的なトレーニングです。40歳を超えると、筋力は次第に低下していき、高齢者のサルコペニアなども問題になっている中で、自重でもいいのでやり続けたい種目です。もちろん、若い人にも効果が大きく、インターバルを短く回数を多くすると心肺機能にも効果がありますし、大きな筋群が鍛えられるので基礎代謝も向上し、全身を引き締めることができる、まさに欠かすことができない種目です。しっかりフォームを固めましょう。

最初にやるのは、ラックに入らずに「しゃがめるかどうか？」を見ます。何も考えずにしゃがんでみます。しゃがみやすいかどうかは見てもわからないけど、自分の感覚でちょっと窮屈かなとは感じ取れると思います。そして、これをやってみると、ほとんどの人が大腿骨の下、骨盤の真下にかかとがくるくらいが、楽過ぎはしないけど、一番力が入るスタンスだとわかるはずです。でも大体の人はこの足幅の感覚を狭く見積もっています。

2
かかと、母趾球、
小趾球の三角形
が大事

しゃがんで立ち上がるときに、足の裏全体（親指側の母趾球、小指側の小趾球、かかとの３点）で床を押す感じになるように、足先と膝の向きも調整します。「足の裏全体、３点で支える」って思うと、どっかに体重が乗っていないといけないと考える人が多いんですが、むしろ「どこにも体重が乗っていない」感覚がいいんです。例えば、しゃがんでみました→前に体重が乗っているな、と考えると「後ろに乗せよう」と意識してしまう。そうすると今度は後ろ側に乗っちゃう。こうならないように、どこにも体重が乗っていないかのような感じで足を踏むんです。そして、この状態ができたら、「軸」を作ります。足裏の感覚を維持したまま、どこにも力を入れずに上下できるような位置を探してみましょう。

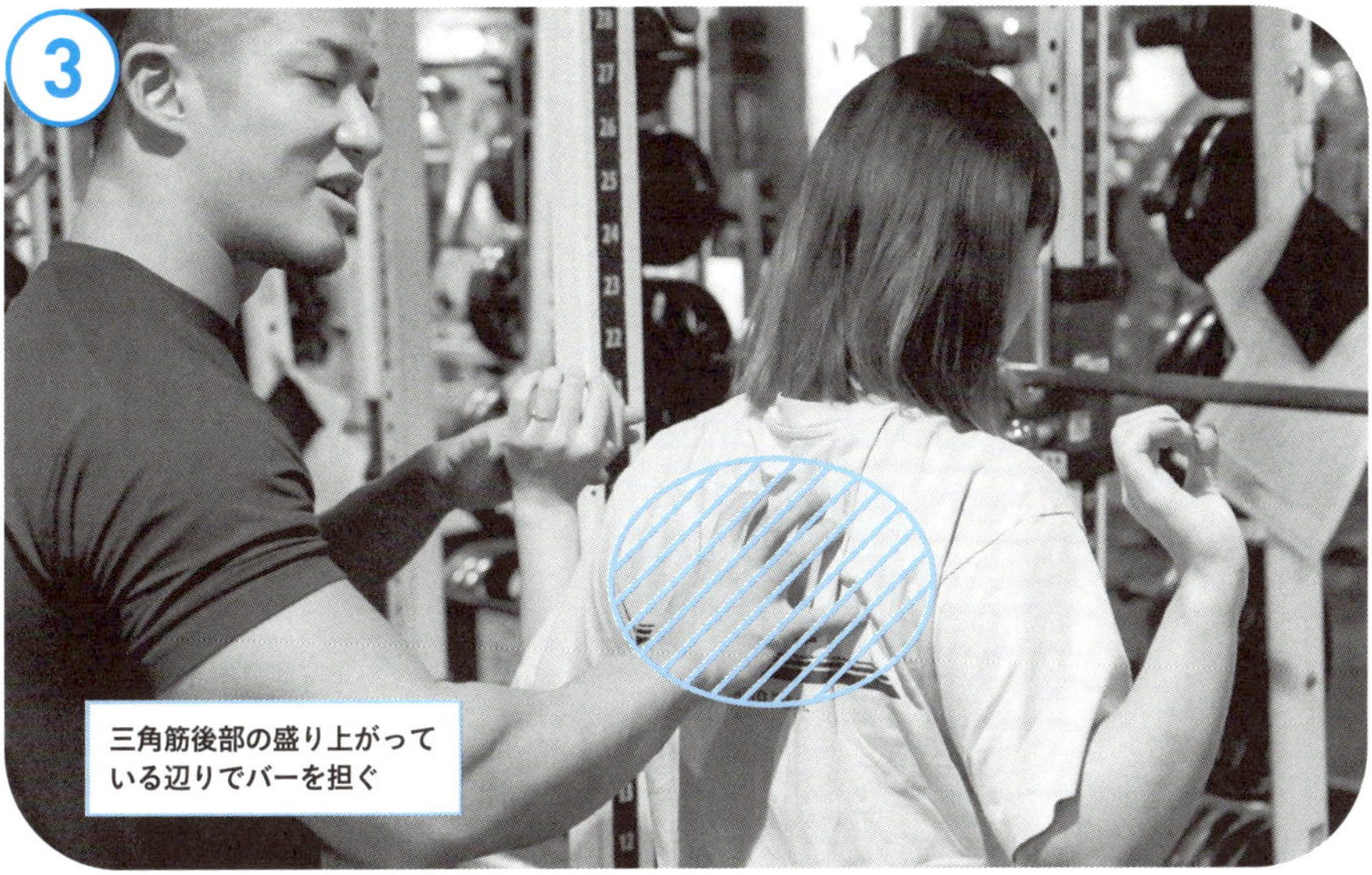
3
三角筋後部の盛り上がって
いる辺りでバーを担ぐ

バーを持つ位置については、僕はバーを低い位置で持つローバーをおすすめします。目的が全身の連動性なので、大腿四頭筋だけじゃなくハムストリングスや脊柱起立筋や大殿筋も動員できるからです。ローバーは、僧帽筋や肩の後部繊維の間くらいでの、少し盛り上がっている部分で担ぐのが理想です。

スクワットのときもラックのセーフティのセットは忘れずに！
バーだけを持って1回しゃがんだときに、ボトムポジションで
バーより5cmくらい下に位置するようにセットしましょう。
ギリギリにセットすると、
おもりがあると当たってしまう可能性があります

「腹圧」は腰を守る上での
最重要事項！
息を大きく吸って
横隔膜を下げると同時に
お腹を締める感じで力を入れて、
腹腔内部の圧力を高めることで
体幹を固め、背骨や腰を守るようにします。
P84でより詳しく解説しています。

バーの下から頭をいれるようにして潜り込み、肩甲骨の少し上くらい（三角筋後部繊維や僧帽筋中部）の辺りにバーがくるようにします。この姿勢では肩の柔軟性がない人は、痛いから手幅を広くしたくなると思います。しかし、あまり手幅が広いと、僧帽筋や三角筋の後部繊維に収縮がかからずにバーがズレてしまいます。なので、できる範囲で手の幅は狭くするほうがいいです。僧帽筋や三角筋後部繊維が勝手に収縮するので、バーベルがうまく乗ってくれます。

前腕が外旋すると肩が上がってしまうため、バーを握った状態で前腕を内旋させ、肩を落としやすくします。さらにこの状態から肘を下げます。腕と背中でバーを挟み込む感じです。

息を大きく吸ったら腹圧をかけて、バーベルをラックから持ち上げます。ローバーのスクワットでおもりを乗せる重心はどこかというと、身体の中心部、腰椎に乗せる感じです。肩で担ぐ感覚だと不安定になりやすいので、腰で重さを受け止める感じです。

7
鏡を見ると顎が上がりフォームが崩れる
腰が反り過ぎ
NG

ここで注意したいのは、ラックアップしたら鏡を見ないこと！ フォームを自分で確認したくなると思いますが、鏡を見ようと顎を上げてしまうと、フォームが崩れてしまいます（写真は腰が反り過ぎてしまっている）。担いだ時点から顔の角度は上過ぎず下過ぎず、自然な状態を保ちましょう。

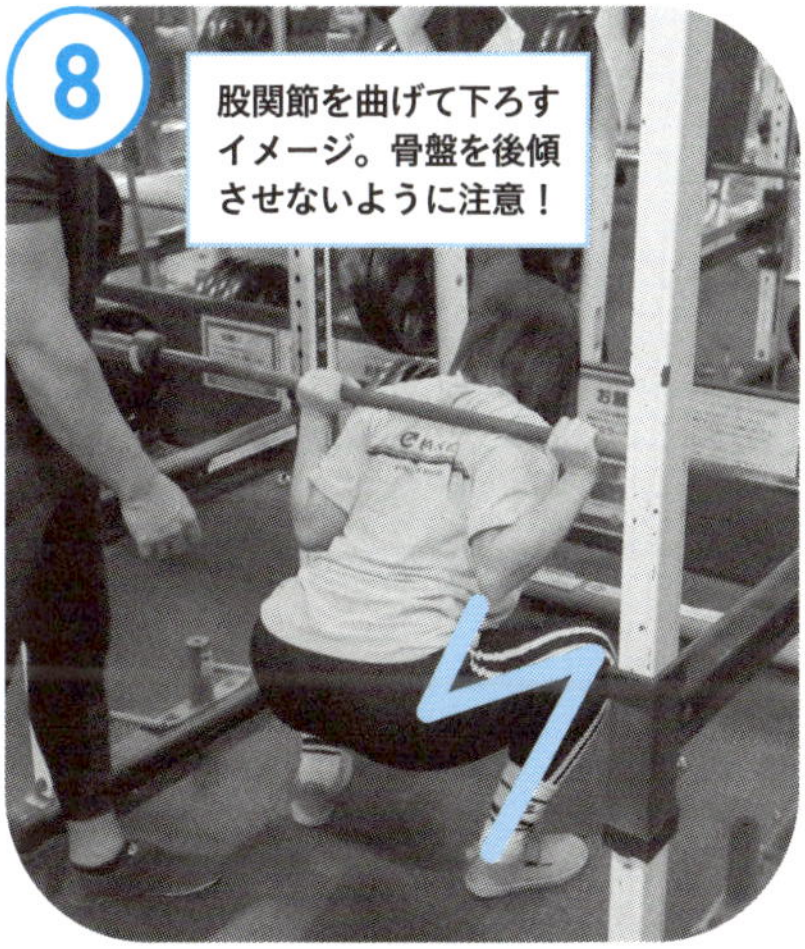
8
股関節を曲げて下ろすイメージ。骨盤を後傾させないように注意！

息を大きく吸って腹圧を高めた状態でしゃがんでいきます。しゃがむときはなるべくコントロールして下ろしていきます。ボトムポジションで腰が反りすぎたり、骨盤が後傾してお尻が後ろに倒れてしまうと腰を傷めるので最初に腹圧をかけて固めた状態を維持したまま下ろします。

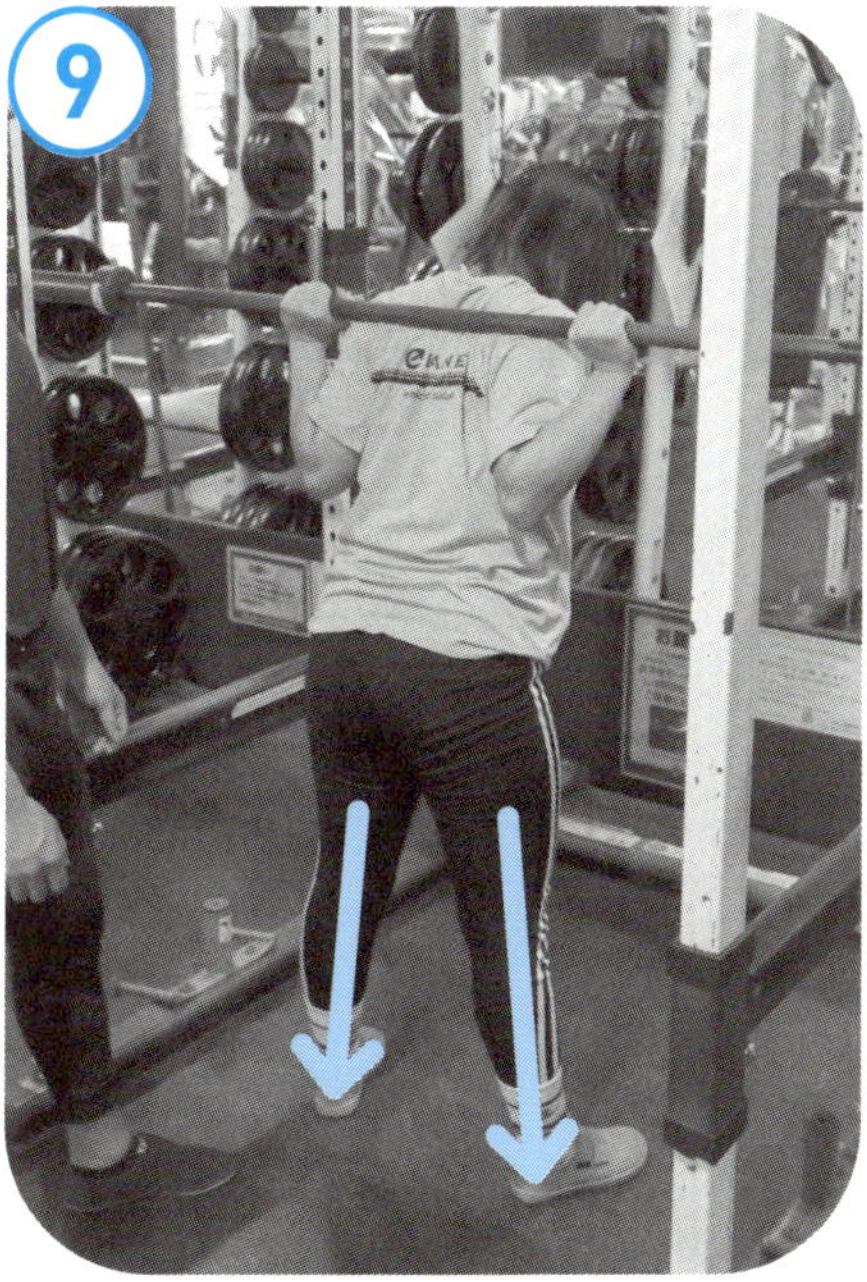
9

ボトムで切り返すときは、思い切り床を踏む感じです。足の裏の3点から垂直に上下するイメージです。軸がブレると重さに負けてしまうので要注意！ 呼吸は、大きく吸って→止めながら下がり→最後に上がってきて完全に立ち上がる少し前に吐くイメージです。途中で息を吐くと腹圧が抜けて危険なので、絶対にしないようにしましょう。

どこで切り返せばいいか、
イメージを掴むために、
プレートをつけずにバーだけで
フォームを作って、フォームをキープしたまま
コントロールして1回下に下りきります。
降りきったところでもバーベルの下は足、
土踏まずという原則は変えずに、
軸は保ちます。この状態で、
軸をぶらさずに上下に5㎝くらい
弾んでみましょう。まっすぐ下りて
まっすぐ跳ね返されるように弾む感じです。
このタイミングで床を蹴る。
これが切り返しのタイミングを掴むコツです

スクワットを理解するための補助種目

ウォームアップにも最適なスクワット補助種目！

スクワットで難しいのは、体幹や重心のキープの仕方だと思います。それは身体の前面を上手に使えていなかったり、体幹を保持する力が弱いのが原因です。

そんな人にうってつけなのが「ゴブレットスクワット」です。通常のスクワットは身体の後ろでバーを担ぎます。しかし、ゴブレットスクワットは身体の前でダンベルを保持するため、身体の前面の力の使い方を習得しやすいんです。バックスクワットで身体の前面の力を使って体幹を保持するコツがわからない人は、まずこれをやってみてください。

ゴブレットスクワット

1

ダンベルを胸の前で持って立ちます。足はスクワット同様、骨盤の真下にかかとが位置するくらいの意識です。ダンベルを写真のように持つことで、自然と脇を締めることができます。

胸を張り、背筋をまっすぐに立ち、脇を締めた状態で正しいポジションにダンベルを抱えたら、このまま上体を反らしたりせずに、まっすぐ立ったまま、腰を軽く引くようにしてダンベルの軌道が一直線になるようにしゃがみます。爪先と膝は同じ方向を向くようにします。内股でしゃがみ込んだりしないように気をつけましょう。ボトムポジションでもお腹の力は抜けずに、背面だけじゃなく、身体の前面もしっかり固めた状態を維持します。

もし体幹に重心が乗らずに、前に重心が行ってしまうとこれだけでおもりを支えるのが難しくなります。腰の故障にも繋がってしまいます。

物を持ち上げるとき、
動作の軸を見つける。
これがウエイトトレーニング全般で
とても大事です。ゴブレットスクワットは
その感覚を体得しやすい種目です。
足で踏む感覚は45度レッグプレスマシン
（足側が45度上を向いた状態で行う
レッグプレスのマシン）も
有効なトレーニングです

足の裏全体で踏みつけるように床を押して立ち上がります。このときも上体は前後左右にぶれたりしないように、しっかりまっすぐのポジションを保持します。

背中を鍛えるデッドリフト

「背中」の種目とは言われるけれど……

デッドリフトほどカテゴライズが難しい種目もありません。背中の種目とは言われますが、広背筋などにはラットプルダウンやチンニング（懸垂）のほうが有効ですし、脊柱起立筋にしてもルーマニアンデッドリフトやグッドモーニングという種目のほうが、より低いリスクで鍛えることができます。トップボディビルダーの中にも、デッドリフトはやらないという人もいます。デッドリフトの特異性は、「脱力状態からいきなり力を出さないといけない」ことに尽きます。ベンチプレスもスクワットも、運動開始の時点でバーベルを身体で支えています。しかし、デッドリフトは床やラックに置いたままのバーベルを引っ張り上げます。このような点や、伸張反射（筋肉が受動的に引き伸ばされると、反射的に収縮が起きる現象のこと）が使えないことなどが理由です。ただ、全身を強烈に刺激するには最適な種目ですし、適切なフォームで行えば姿勢の改善などにも繋がる素晴らしい種目です。フォームに注意し、ベルトなどを装着して挑みましょう。

バーを握るときは、握り込み過ぎないように注意。イメージとしては引っ掛けるような感じです。バーに指をかけた段階で、軽くバーを上に引っ張ると、肩が下りてきて腕を長く使えます。握り方は左右の手を順手と逆手で握るオルタネイトグリップは保持力が高いけど、左右のズレが出てくるので、ボディメイクが目的なら、順手のサムアラウンドグリップ（親指も使って握る一般的な握り方）やリストストラップを使うのがいいでしょう

デッドリフトのスタンスは2種類あります。肩幅より大きく開くワイドスタンス（スモウデッドリフト）か、肩幅かそれより狭いナロースタンスです。世の中にはナロー原理主義の人もいますが、自分の身体にあったスタンスで行えばいいと思います。もともと脚が外旋位（ガニ股寄りな人）で力が突っ込みやすい人はワイド。普段から内転位気味の人は、広げてしまうと内転筋に全然力が入らなくなる代わりにハムストリングスが強いので、ややナローのほうがいいです。足先はワイドの場合45度くらい外を向くハの字型。ナローだと足先は少しだけ開き気味にするくらいがいいでしょう。

1
ワイドスタンス
ナロースタンス
広い
狭い

2
拳1個分ほど離れたところに脛

バーから脛が拳1個分くらい離れた位置に脛がくるようにして、脱力して立ちます。バーの真下に母趾球が来るくらいでしょうか。ここから、背中を丸めて前にかがんでバーを取りに行くのではなく、お腹と背中に力を入れて背筋をまっすぐに伸ばしたまま腰を下ろして手をバーに触れるようにします。このとき、肩の位置はバーよりも前に。肩甲骨の真下にバーと足の真ん中（ミッドフット）がくるようにします。この肩甲骨⇔バー⇔ミッドフットの垂直線をバーが移動するようにします。

3

息を吸って腹圧を思い切りかけ、肩甲骨を下に下ろしてお腹と背中を固めます。バーは脛に押し付けるくらいのつもりで身体に寄せましょう。この状態で一気に床を強く踏みます。バーが膝を超えるまでは足で踏みつけて上に上げるだけです。ここでしっかり足の力で上げないと、腰が先に浮くことで負担が腰に乗ってしまい怪我に繋がるので気をつけましょう。

バーが膝を超えたところで、股関節を前に突き出すようにして膝から上を持ち上げ切ります。フィニッシュでは膝をしっかり伸ばし、肩も少し外旋させます。お尻を締めることも忘れずに。ただ、ここで注意したいのは、腰を反らせ過ぎないこと。過剰に腰を反らせると怪我に繋がるので、無理に反らせる必要はありません。

4

股関節を前に突き出して持ち上げるが、腰は反らさないように注意！

5

ナローの場合は腿の裏（ハムストリングス）をより使う

ナローデッドリフトのときも、基本は一緒。ワイドが内転筋の力を使うのに対して、こちらはハムストリングスの関与が大きくなります。人の体格や腕の長さなどによって差はありますが、ワイドのほうが重いものが持ち上がる人のほうが多いので、パワーリフティング競技だとワイドを使う人が多い傾向にあります。

デッドリフトは難しい種目なので、
無理してどんどん重くしていくのではなく、
しっかりとフォームを習得することを
最優先しましょう。
あと、デッドリフトは
なかなか回復しにくいので、
週1くらいで行うのがいいでしょう

背中、特に腰椎が曲がるのは絶対に避けたい。怪我をします。
NG1

背中を丸めてバーを見ながら取りに行くと、腰が曲がったフォームになりやすいので要注意。背筋をまっすぐキープしたまま手を下に伸ばし、膝を曲げることで握りに行くように！

力んで肩が上がると腹圧を上手に掛けられなくなる。上体は極力リラックス！
NG2

腰が曲がっているだけでなく、肩や首に過剰に力が入って、力みまくっている。力むと腹圧もかかりづらいし背中も上手に固められないのでNG。力を入れるのは、体幹（腹圧と背中の固め）と足、ハムストリングスやお尻。肩や腕はリラックスさせましょう。また、腰を曲げ伸ばすことで持ち上げようとするのはNG。

NG3
特に反り腰の人は要注意！

動作中、反り腰にならないように要注意。特に引き切ったところで背中を反らせすぎると腰が故障します！

背中を鍛える補助種目

広背筋を鍛えるには懸垂やラットプルが最適

デッドリフトの補助種目としては、ルーマニアンデッドリフトやグッドモーニングといった種目があるのですが、ここでは補助種目というより、デッドリフトだけだと不足しがちな広背筋上部や大円筋に効く種目を紹介します。おすすめは懸垂なのですが、初心者には意外と難易度が高いので、自分の足で補助を加えながら行う足つき懸垂と、マシンを使ったラットプルダウンを紹介します。

足つき懸垂

1 バーの真下に足を置いたら、普通に懸垂するようにぶら下がります。膝は思い切り前に出して、足とバーを握る両手で身体を支えます。

2 やや身体を反り気味にして、全身を引っ張り上げます。このとき、上げられない分だけ足でサポートをするイメージです。膝から首元までは一本の棒になったつもりで、しっかり固めて軸を保持します。背中に力を入れたいとき、ハムストリングスに力を入れたほうが収縮しやすい。チンニングでお尻を締めながら上に上がっていくことで、広背筋に力が入って収縮するんです。

ラットプルダウン

反動を使ったラットプルダウン

身体ごと後ろに持っていき、勢いをつけて高重量を引き下げる。

反動をつけないラットプルダウン

ラットプルダウンのマシンに座り、背筋をまっすぐ保ったまま広背筋や大円筋の収縮を感じながら反動をつけずに下に引く。

**ラットプルダウンは
「反動を使わずストリクトに引っ張る」派と
「反動も使って高重量をガンガン引っ張る」派で
意見が分かれるときがありますが、
どちらにもメリットがあるので、
そのときの身体の調子や目的などによって
使い分けるといいでしょう**

トレーニングでの迷いをなくすような、アドバイスをズバリとくれる存在

持田くんとの付き合いは結構長くて、もう7年くらいになります。横浜近辺で活動している、年齢が近いトレーニーたちの飲み会、通称「FULL勃筋会」で出会ったのが最初です。その飲み会で、ほとんど息継ぎなしで2～3時間テンション高く延々と喋り続けてて、「この人ラッパーかな？」と思ったのが第一印象でしたね。

いろんな方のYouTubeを見てもおわかりの通り、持田くんって、どんな人でもイジってくる割に棘も嫌味もないせいか、誰とでも速攻で打ち解けて、めちゃくちゃ話がしやすい人なんですよ。でも、トレーニングの知識と観察力もそれ以上です。最初の1分間くらいで、30個くらい意識するポイントをアドバイスしてくれるんですよ。さらに突然30個言われても理解できないって人には、「これだけ意識してやればいい」という要点もまとめてくれる。

クライアントのモチベーションを上げるのもうまいです。褒めて伸ばすタイプだし、どんなに疲れているときでも会うと元気をもらえる。

パーソナルの指導は、僕は中上級者に向いてるんじゃないかと思います。その人の骨格に合わせたり、私生活での身体の使い方のクセからトレーニングフォームを改善してくれるので、非常にわかりやすい。さらに、クセを活かして強みへと導くようなフォーム指導・ポージング指導ができるのは、彼の最大の強みじゃないかなと思います。「これさえすればよい」というのを教えてくれるから、トレーニングでの迷いがなくなり、自信を持って挑めるようになりますよ！

写真／本人提供

芳賀セブンさん

ボディビルダー、インフルエンサー。筋トレインフルエンサー界随一のフォロワー数と日本屈指のバルクを誇る。2023、2024年 日本クラス別ボディビル選手権90kg超級優勝。2024年IFBB男子ワールドカップボディビル90kg超級2位。「HagaSeven.芳賀セブンの部屋」https://www.youtube.com/@hagaseven

4

部位別オススメ種目をやろう

BIG3に加えたいプラスアルファの種目

脱力・軸・テンポを意識してやってみよう！

ある程度トレーニングが習慣化して、BIG3もできてきた段階で、細かい部位のトレーニングを行うようにしましょう。そうすれば、細かい部位の成長も早くなりますし、BIG3での弱点を補ったり修正したりすることができます。

このパートでは、そうした各部位を狙うための種目を紹介します。

これらの種目について、特に意識するべきポイントなどを解説しておきますので、しっかりそこを狙うように、無理に重いウエイトではなく、正しいフォームで、狙った筋肉に負荷をかけられる重さでトライしましょう。

無理に重いウエイトでやると、狙っている部位以外に負荷が乗る、つまり力んだ状態になってしまい、効果が減ってしまうので要注意です。

また、動作は身体の軸をしっかり意識して、狙っている部位以外に負荷が乗らないように意識しましょう。動作のテンポも重要です。

BIG3種目よりも軽い重量でも高レップ数（多めの回数。10～20レップくらい）で追い込むようにしましょう。インターバルも1分くらいと短めでいいと思います。以上のことをしっかりと頭に入れて行いましょう！

胸
chest

無意識に片側の緊張が強くなることはよくあること。左右バランスよくなればベンチプレスもよりスムーズに上がるようになります！

①

②

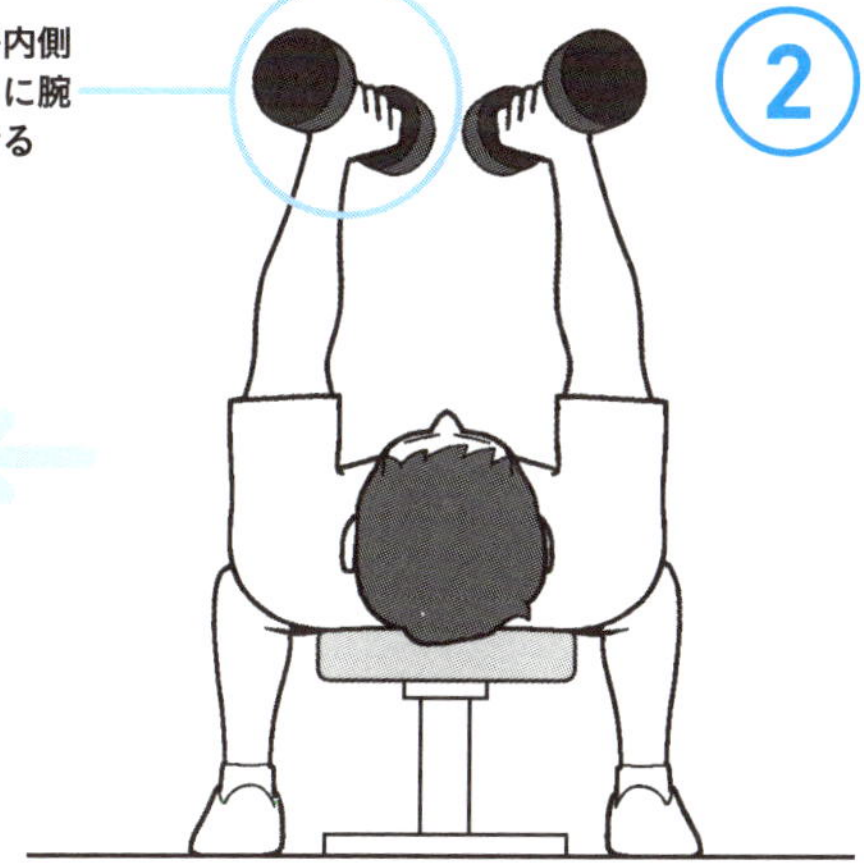
両手の甲が内側
を向くように腕
を回内させる

③

持田式回内ダンベルプレス

左右の不均衡を把握できる種目！

上腕骨が外旋しがちな人や、左右の不均衡をチェック・改善するのにいい種目です。

① ベンチに横になって、２〜３kgのダンベルを胸前に押し上げます。
　ダンベルが逆ハの字になるように、腕を回内させます。

② 息を吸いながら下ろします。

③ 何度か繰り返すと左右のダンベルにズレが出てくることがあります。
　それは、どちらかの側の胸の緊張が強すぎる兆候です。
　緊張が強いと感じられるほうの緊張を解いて、左右同じ位置に上がるようにします。

胸 chest

インクラインダンベルフライプレス

ダンベルフライが肩に効いてしまう人必見！

ダンベルフライが肩に効いてしまう人向けに、しっかり大胸筋上部に効かせる種目です。

① ベンチの角度がキツすぎると三角筋に負荷が乗ってしまうので、浅い角度にします。目安は20～30度くらいです。一度ベンチに横になって腕が床と垂直になるように突き上げ、②のバーベルを上げた姿勢にしたとき、大胸筋の収縮を感じるのであればOK。ダンベルは強く握らず、手に乗せる感覚で。脇を開くと肩に負荷がかかるので、脇は軽く締めます。鼻呼吸で胸に空気を入れることでブリッジを組み、スタートポジション完成です。

②「フライ種目だから広げ弧を描かなきゃ」という固定観念に縛られないように。目的は大胸筋のストレッチと収縮。脇をやや締めて手幅は身体に近い位置にすると、肩への負荷を減らせるだけでなく、上腕骨がより後ろに行くので大胸筋のストレッチも深くなります。動作中、前腕は床に垂直のまま。上腕骨だけ弧を描くようにしてお仕上げます。

③ ダンベルプレスとの差を明確にするには、「ストレッチがかかる局面でゆっくり動作させる」ことが重要！ ボトムから上げる局面でスローにすればずっと負荷がかかってプレス動作との差が出ます。

胸 chest

すでに収縮させる感覚が分かる人は、負荷を強くできる種目ではないので敢えてやらなくても大丈夫！

①

両手で挟み込むように
プレートを持つ

②

胸のブリッジは
忘れずに！

③

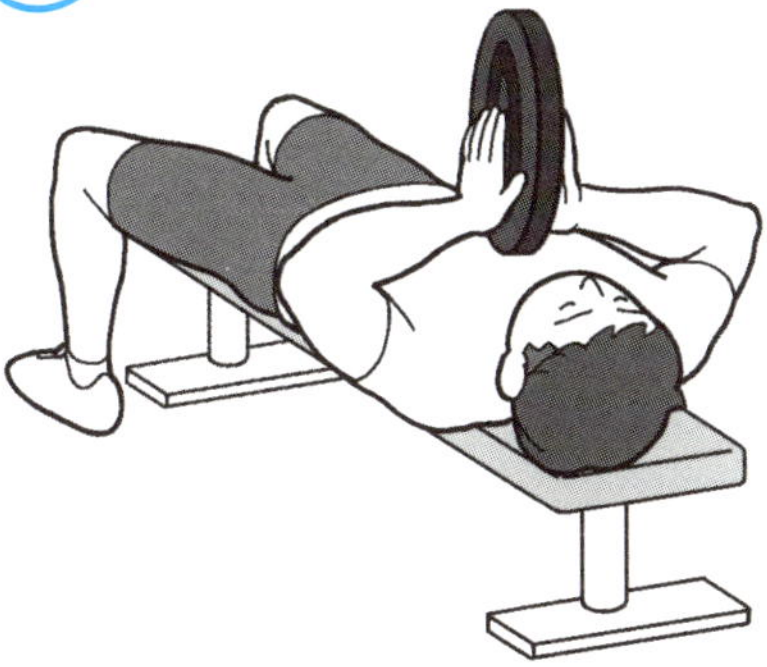

プレートプレス

大胸筋を「収縮」する感覚がわかる種目

種目単体として筋肥大させる効果などは低いですが、大胸筋を収縮させる感覚が掴みづらいという人に向いている種目です。

① フラットなベンチに横になり、バーベルのプレートを両手で挟み込むようにして胸の前に持ち上げます。この際、左右の手のひらで押すような感じでプレートを保持し、プレートの穴に指をかけたり、どこかを握ったりしないようにします。

② ①の状態から、肘を開いたり肩を上げたりしないようにしながら、プレートを下に下ろします。この際、鼻呼吸をしてしっかり胸でブリッジを組むようにします。

③ プレートを挟み込んだまま、①のスタートポジションまでプレートを押し上げます。挟み込む力と押し上げる力の負荷で、大胸筋の真ん中の溝のような部分がしっかり割れて、収縮している感覚がわかると思います。この感覚を身につけましょう。

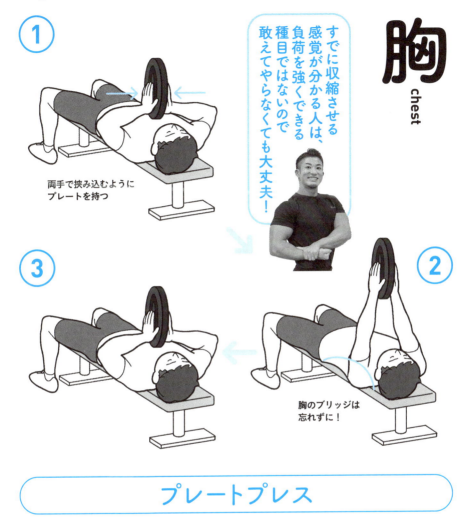

背中 back

「効かせる」ためには、肩を上げない&胸を立てるのが鍵。必然的に稼働域はそんなに広くなくなります！

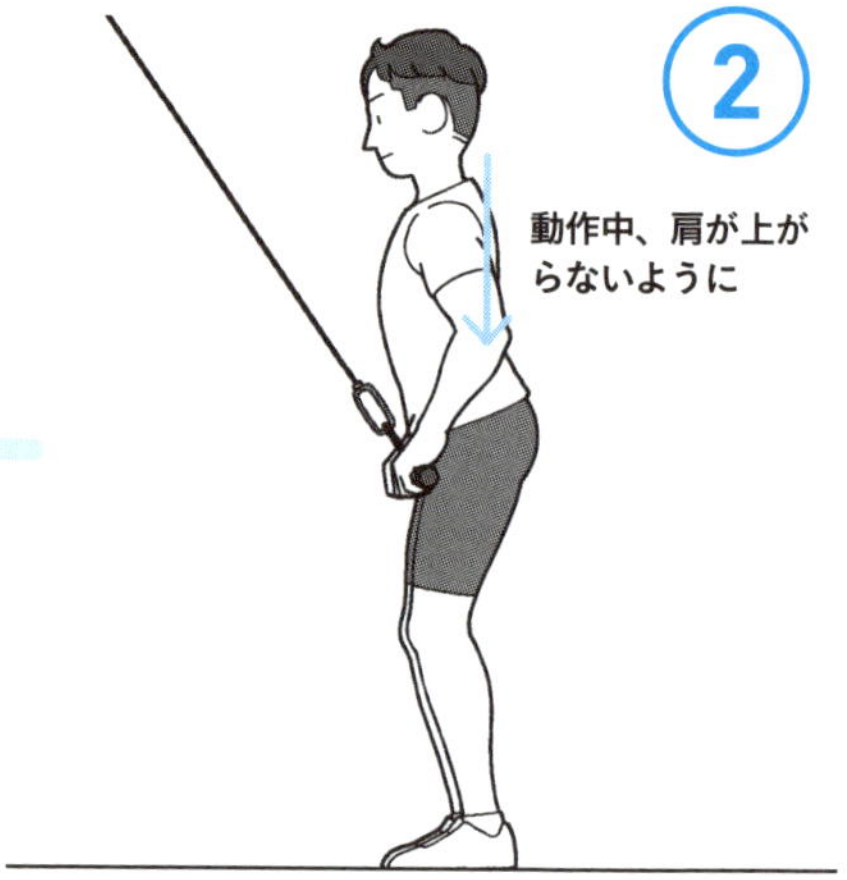

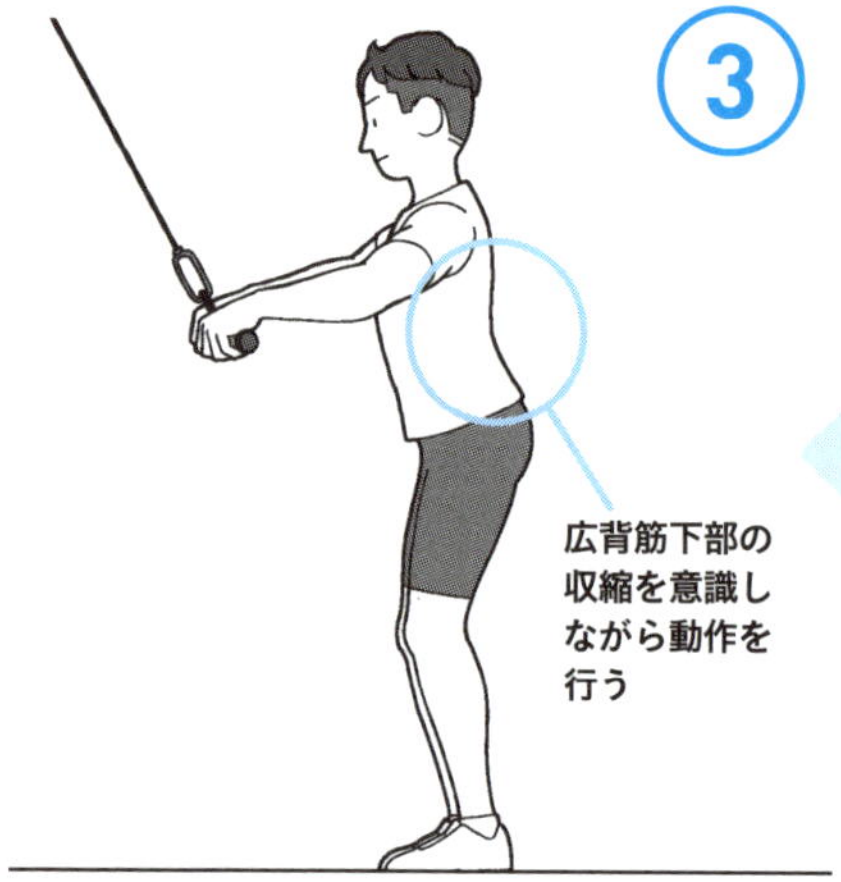

ケーブルプルオーバー

軽くても効かせる持田式広背筋トレ！

広背筋下部のトレーニングですが、人によっては肩などに負荷が分散してうまく効かせられません。コツは「脱力」です。

① ウエイトは敢えて軽めにセットします。グリップを強く握ると肩が挙上してしまうので、全身は脱力してグリップには手を乗せる程度にします。大事なのは「肩を落とす」こと！ 肩を落としたら、上体の角度は変えずに胸だけ立てます。この時点でグリップが手を乗せたときより下に下りて、広背筋下部に収縮を感じられるはずです。

② ①のポジションからそのまま股関節辺りまで腕を引き下ろします。ここで重要なのは、戻すときにも肩が上がらないように、①の姿勢にそのまま戻すように！

③ 広背筋下部の収縮を感じながら行うのが大事！

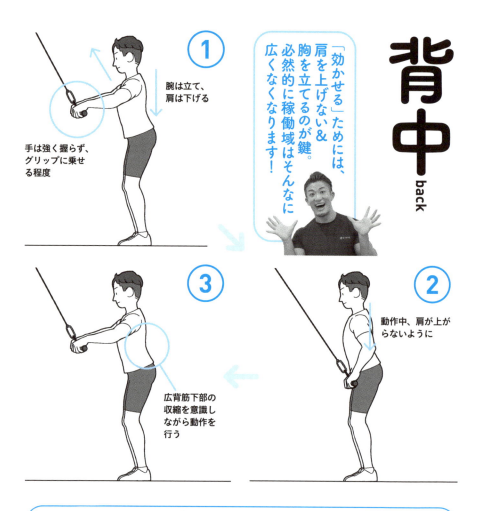

背中

back

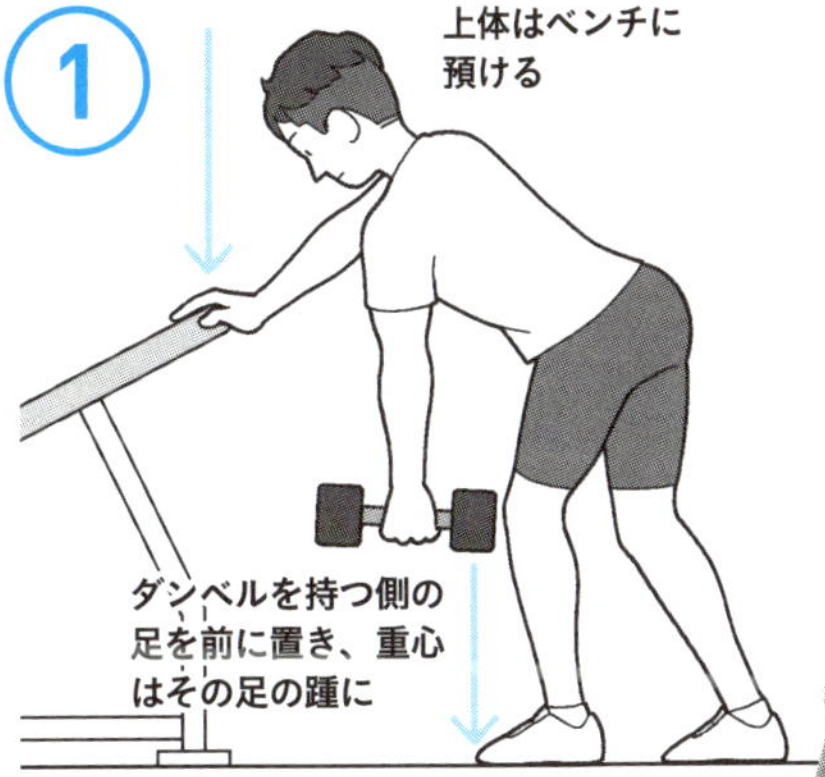

軸を通すと感覚的には「脱力」じゃなく思えるかもしれません。でも重要なのは、正しい骨格の位置で脱力すること。単にダラーンとしてしまうのは、ただ力が抜けてるだけなので違います！

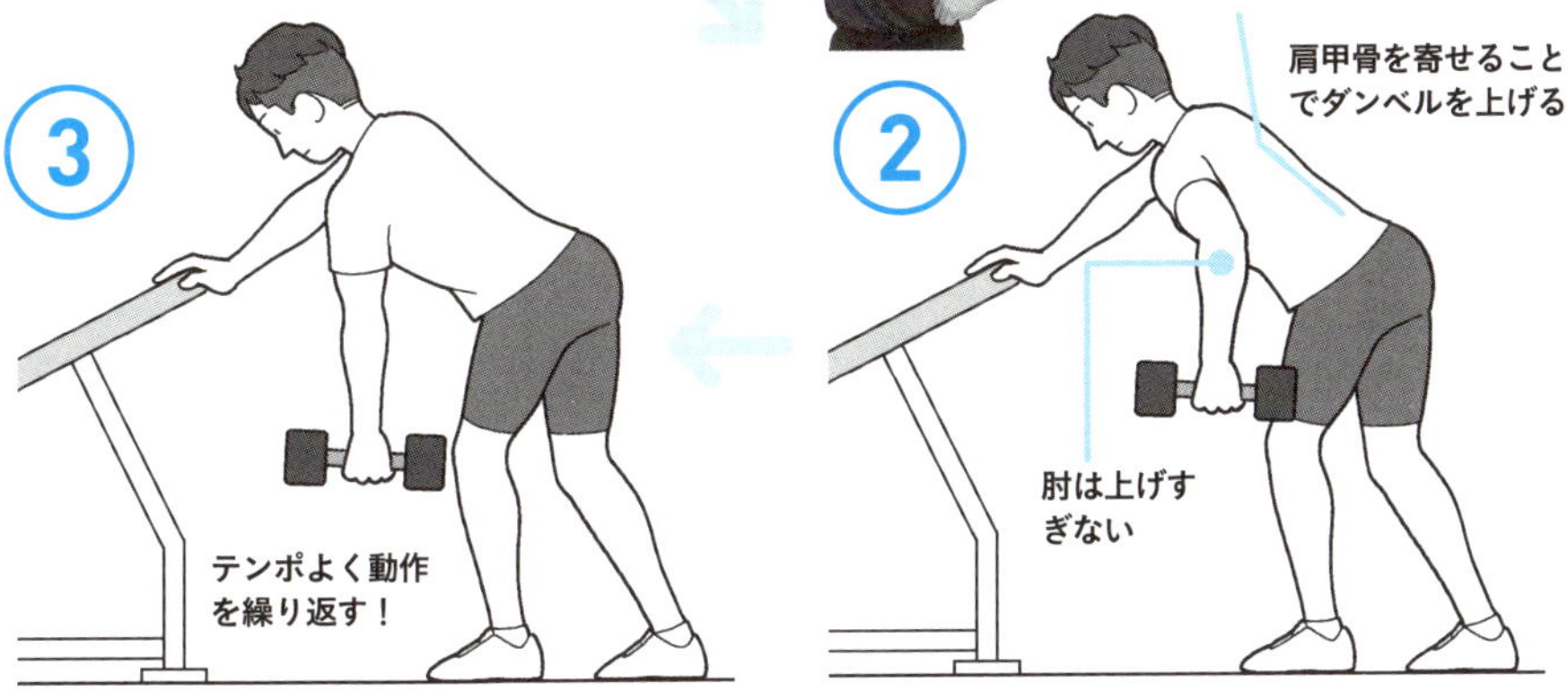

ワンハンドダンベルロウ

背中に効かせにくいとよく言われる種目のコツ！

いかり肩の人は特に「効かせられない」となりがちなこの種目。しっかりフォームを作れば広背筋にバチバチに効かせられます！

① 35 ～ 45 度の高さにベンチをセット。上半身を脱力してしっかりベンチに預けられる角度にします。ダンベルを持つ側の足を前に置き、膝を伸ばし、踵に重心を乗せるようにしてお尻を上に突っ張るようにします。上半身を預けたベンチとお尻で上半身の軸ができます。

② ①のポジションから引くんですが、肘を上げると三角筋後部に入ってしまいます。なので、ダンベルを持った手はだらんと下げて、肩甲骨を下げて寄せることでダンベルを引き上げます。最後に少し収縮をかけるために、体側《たいそく》と同じくらいの高さまで軽く肘を上げます。必要以上に上げると広背筋下部の負荷が逃げるので、要注意。

③ 脚もガニ股にならないように、絞り込むようにやや内旋位にするとお尻が突き上がって骨盤の位置がフラットになり軸が固まります。また、この種目は動作をテンポよく行うほうが広背筋下部に入りやすいです。

肩 shoulder

インクラインサイドレイズ

軽い重量でもしっかり効かせるポイントを解説!

三角筋中部を狙う、人気のある種目です。狙う部位をしっかり狙えば、軽い重量でも十分効かせられます。

① やや立て気味にベンチの角度をセットします。身体の片側をベンチに預けて、反対側の手でダンベルを持ちます。胸を軽く張るようにして(胸椎を立てて)、肩甲骨の下(大円筋)と広背筋下部を固めてダンベルの重さをしっかり三角筋中部で受け止めるようにします。

② ダンベルを引くときは、腕を内旋させた状態で肘を垂直に上げます。こうすることで腕の脱力ができて、三角筋以外の部位に負荷を逃がすことなく効かせることができます。

③ 下ろすときは三角筋を十分にストレッチする位置まで下ろして止めます。その後、再び胸椎をしっかり立てて、①の姿勢に戻して再度上げます。

肩 shoulder

負荷を乗せるのは関節ではなく、あくまでも三角筋（肩の筋肉）です！動きやすい動作に、重さをしっかり乗せるイメージでやりましょう！

1

2

3

ダンベルショルダープレス

肩の関節に負担をかけずにしっかり効かせるコツ！

肩の種目として人気の種目ですが、肩関節を傷めやすい種目でもあります。関節に必要以上の負担をかけないで、しっかりと三角筋に効かせるコツを理解しましょう。

① 肩甲骨のライン上に上腕骨を合わせ、ダンベルの位置を身体のほうに寄せることで肩の位置が安定します。身体をやや丸めるような感じでダンベルを目の高さくらいに保持します。

② 押し上げるときは丸めた身体を背骨ごと伸ばすイメージで、なおかつ肩でしっかりとダンベルを上に突き上げます。足で床を踏み、足の力も使うことで、腕で上げるのではなく、肩の筋肉で上げることができます。

③ 下げるときは、少し丸まっていくようなイメージで、ダンベルを身体のほうに寄せるイメージのまま下げます。

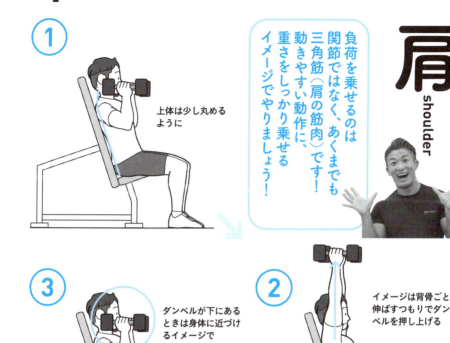

肩 shoulder

筋肉量を増やすためというよりも、広背筋の関与を減らしてしっかり三角筋に効かせる感覚を覚えるための種目です。重量にこだわるより、重さを「乗せる」感覚を覚えましょう！

かえるレイズ

背面が強すぎる人でも三角筋前部に効かせられる！

背中側の筋肉が強すぎたり、反り腰気味な人は、三角筋前部を狙うとき、腰や背中の力で上げてしまい、三角筋前部に効かせられない人がいます。そんな人向けの種目です。

① ベンチを 45 ～ 55 度くらいに立てて、足もベンチに乗せて身体前面を完全にベンチに預けてしまいます。これで広背筋下部や反動を使わずに三角筋前部にダイレクトに負荷を乗せることができます。グリップは中指と薬指 2 本で引っ掛けるだけ。

② 肘を上から引っ張られるようなイメージで、ダンベルを斜め前に引き上げます。重要なのは上のポジションで止められること。なので、ダンベルの重さは「上で止められる重さ」にすることです。5kg 程度でも十分だと思います。

③ テンポはゆっくり、三角筋前部に負荷が乗っていることをしっかり意識しましょう。回数は 20 ～ 30 レップスを繰り返すように。

上腕二頭筋 biceps

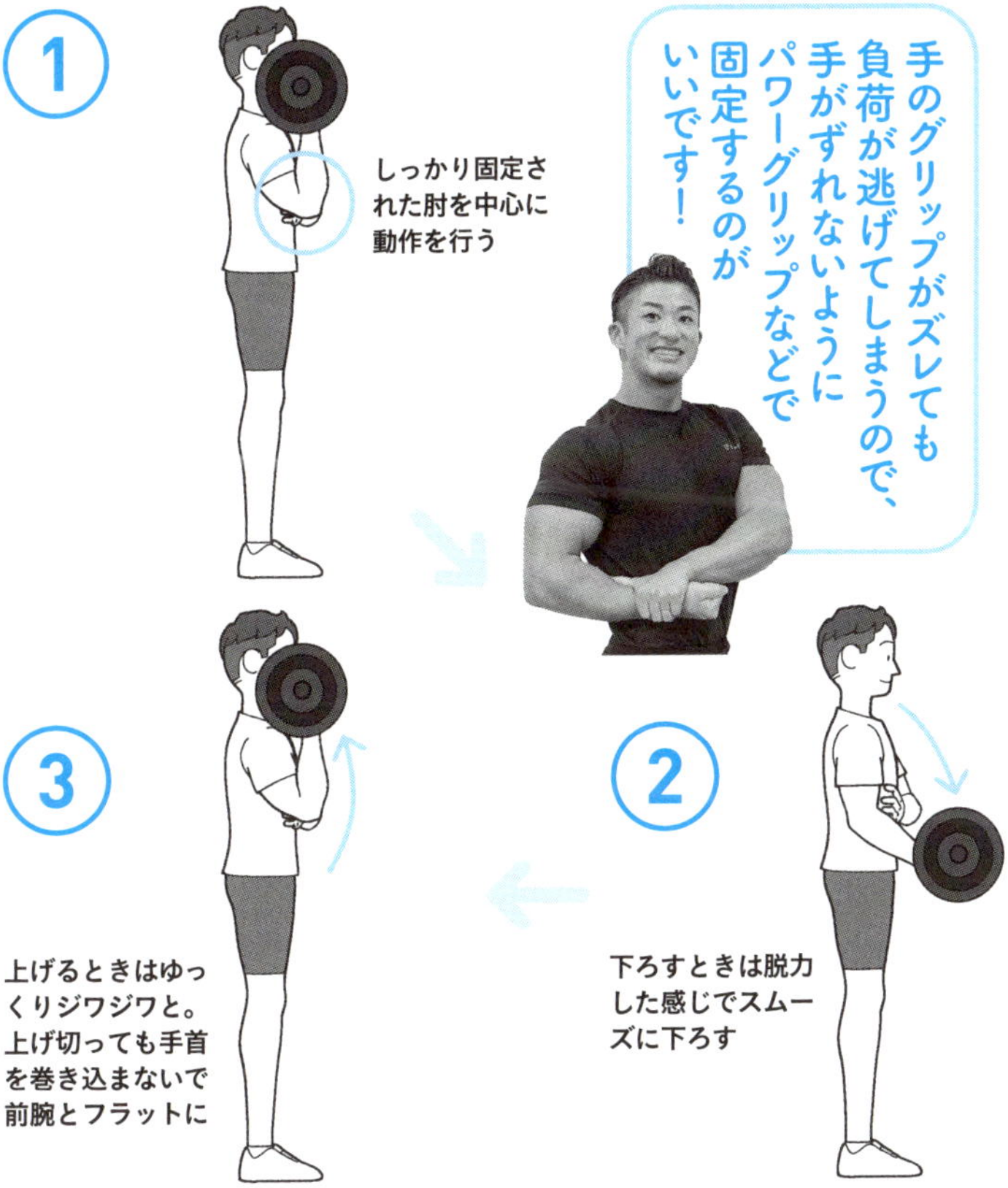

ワンハンドダンベルカール

二頭筋の負荷を徹底して逃さない持田式テクニック

いわゆる「力こぶ」を作る人気種目です。持田式で効かせるためのポイントは、スタートポジションの違いにあります！

① 片方でダンベルを持ったら、体重をダンベルを持った手の側の脚に乗せます。上腕骨が円旋位（巻き肩）の人は手のひらをしっかりと前に向けて、ダンベルを上げる方向と一致させましょう。そして肩の力を抜いて軽く胸を張り、肘を少しだけ後ろに引き、そこで肘を固定します。そこから肘を中心にしてダンベルを上げます。上げ切ったときに手首を巻き込まないで、前腕と手首がフラットなままになるようキープします。こうすることで最大屈曲できます。一般的にはこれがトップポジションですが、持田式はここがスタートポジション。二頭筋は普段からストレッチがかかっているのが普通なので、収縮をかけた状態から始めると戻るときの感覚が得やすいからです。

② この種目も、グリップを握りすぎないように。下ろすときは耐えないで自然に落とす感じで。耐えようとすると肩に力が入って二頭筋への負荷が抜けてしまいます。ダンベルを下ろすのは太もも位置に落とすのがベスト。これによりダンベルの軌道がまっすぐになります。

③ 落とすときはスムーズに。上げるときはゆっくり。これで二頭筋の負荷が抜けません。

上腕三頭筋

triceps

押し下げるとき、手首が反ると力が逃げてしまうので、しっかり巻き込むように押し下げることが大事！

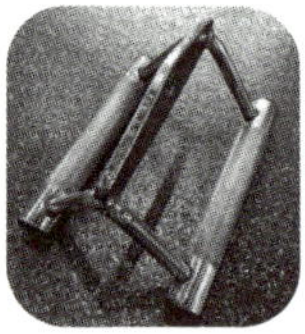

V字グリップ

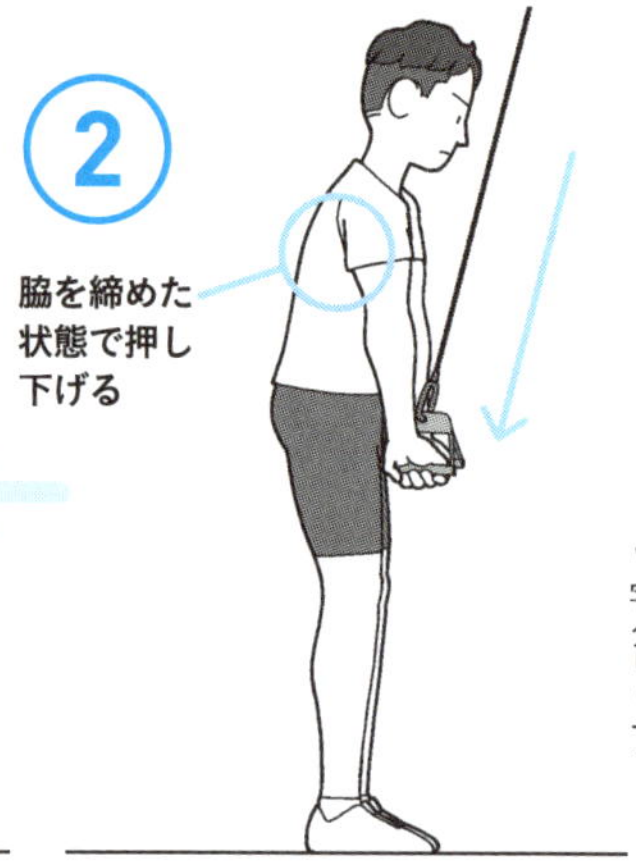

ケーブルプレスダウン

三頭筋のメリハリをつけるのに最適な種目！

腕の形をよくするには二頭筋だけではなく、多くの部分を占める三頭筋を鍛えることが重要です。この種目は三角筋の外側頭に効き、腕の外側のラインにメリハリがつきます！

① V字グリップを使って、肘を張り内巻きにサムレスグリップ（親指を回さない握り方）で持ちます。この際、指の部分で持つのではなく、小指球（小指の付け根にある膨らんだ部分）を使って押すようにします。さらに肩甲骨を少し広げるようにして大円筋（肩甲骨下部の筋肉）を張り出して脇を絞めます。

② 脇を締めた状態からグリップを押し下げます。この際、肘を絞るように内巻きに持っていくようにします。体重もやや前気味にかけます。

③ 動作中は肩が上がらないように注意します。肩が上がると三頭筋に刺激が入らず、他の部分に逃げてしまいます。

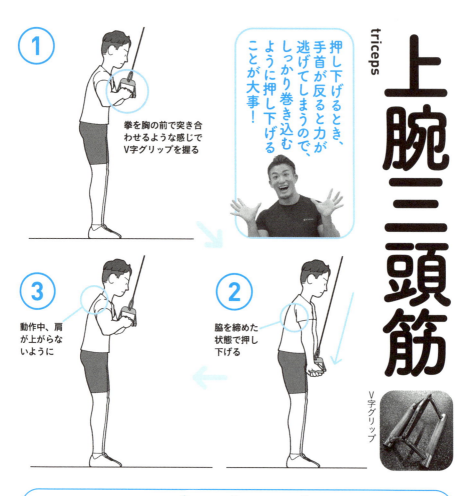

脚 leg

ブルガリアンスクワットなどの種目で左右差をなくすためにも、まずはフォワードランジで自分のクセを把握しておきましょう！

①

③

②

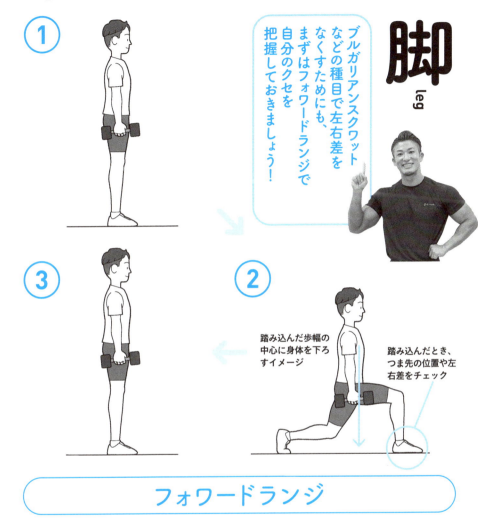

フォワードランジ

下半身の左右差を把握するためにやっておきたい！

下半身も筋力や股関節の左右差などからズレがある人が大半です。トレーニングに支障がある場合も、問題ない場合もありますが、左右差を把握しておくのは重要なので、ぜひやっておきましょう。

① ダンベルを持って足を大きく一歩前に踏み出します。爪先の向きが外側を向いてる外旋タイプの人は踏み出した足を意識的に少し内旋させ、内側を向いてる内旋タイプの人は少し外旋させて、両足の先は前を向くようにします。

② 踏み込んだらすぐにその足を反発させるように力を入れて蹴り返し、上半身が前に乗りすぎたり後ろに残りすぎないようにしましょう。

③ 踏み込んだときに、同じ歩幅で踏み込めているか？ まっすぐ力が足に乗っているか？ 外側に逃げてないか？ 内側に入りすぎていないか？ などを確認して、左右差を少なくするように行いましょう。

脚

leg

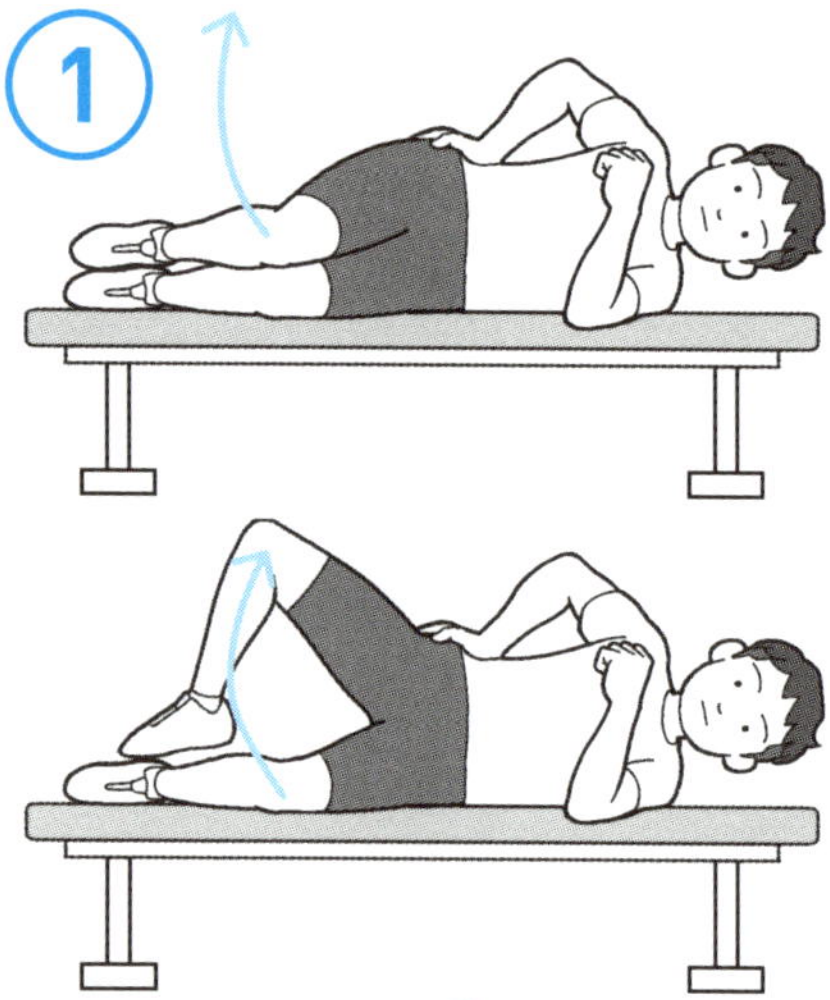
①

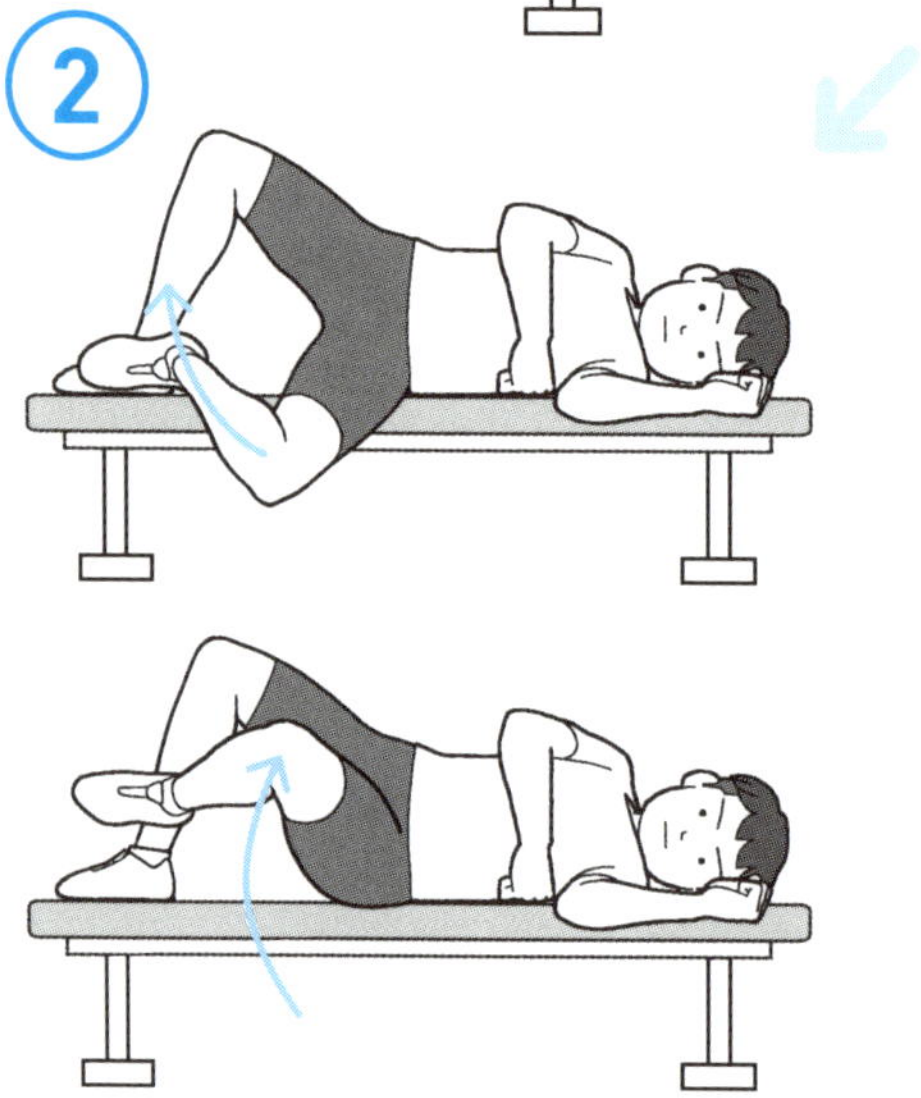
②

どちらも腰を
動かさないように注意！
股関節から動かします。
重力がしっかりと
乗るようにしましょう

自重アブダクション・アダクション

股関節の外旋・内旋が強すぎる人向けの矯正種目

① 外旋傾向の人は、ベンチに横たわって、股関節を前に向けた状態で股関節から脚を開いたり閉じたりします。足先を意識するのではなく、お尻周りを意識して上にある脚を外旋させて開きます。
② 内旋調傾向の人の場合は、下になってる側の脚を動かして開閉します。このとき、腰を動かさないように、あくまでも股関節から動かしてください。

脚 leg

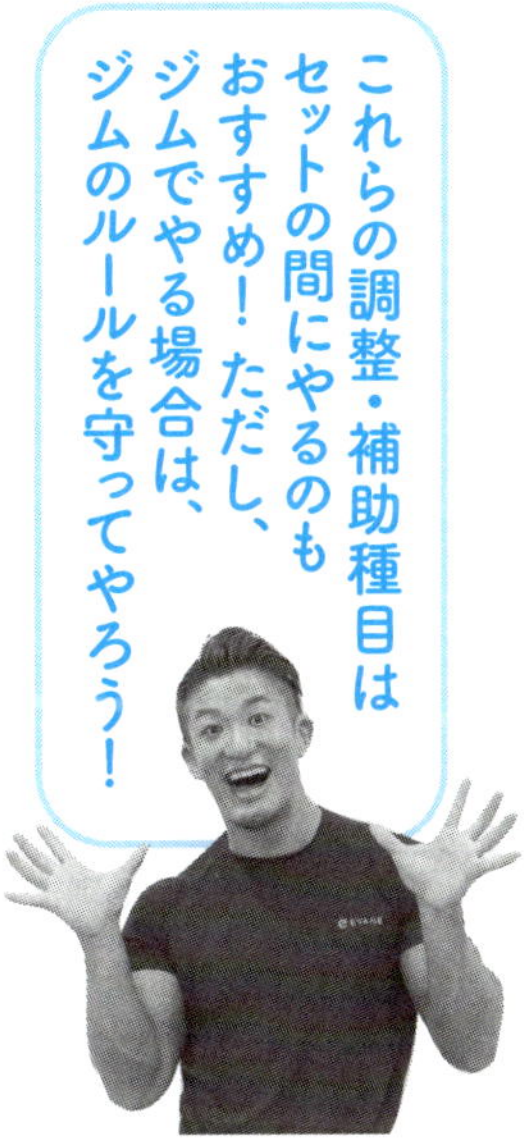
これらの調整・補助種目は
セットの間にやるのも
おすすめ！ ただし、
ジムでやる場合は、
ジムのルールを守ってやろう！

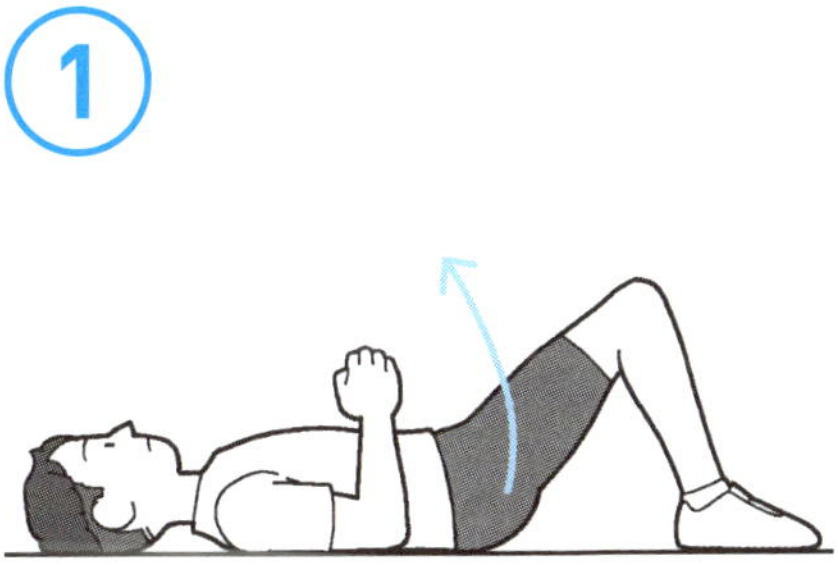
①

③

②

ヒップリフト

ベンチで踏む感覚を習得するための補助

ベンチで蹴る力をつける種目はP44やP50でも紹介しましたが、こちらもオススメです。

① 床に仰向けになって寝て、両足をつけて腰を上げます。足で床をしっかりと踏む感覚を把握しながらやりましょう。

② これを片脚でやってみます。左右のどちらかが、外に開いてしまったり内側に倒れ込む場合は、まっすぐに上に上がるように調整します。

③ こうすることで、左右のズレがわかるし、ベンチやスクワットで脚の力の入れ方が体感できるようになります。また、股関節を動かす腸腰筋や、体幹の強化にもなります。

インフルエンサーが語る
持田式キカトレ

失いかけていたモチベーションが戻り、トレーニングが楽しくなった

2024年の4月くらいに持田さんがYouTubeに出ているのを見て、まずは人柄に惹かれました。それで公式LINEから連絡を取りました。というのも、当時は、自身のモチベーションの低下を感じていたんです。そこで、誰かに頼りたくなったのですが、知識が豊富なトレーナーよりも、クライアントに熱心に接してくれる情熱と人柄に惹かれて、この人にお願いしたいと思ったんですよね。

初対面からテンション高めで、とにかくずっと喋ってる人だなと。でもトレーニングの知識が豊富で、頼りになりそうだと思いました。

写真／本人Instagramより

実際にパーソナルを受けて感じたのは、単に筋肉に効かせる、筋肉を大きくするといったことだけではなく、体の機能や連動性に関する独自の理論を持っていてこれまで体験したことのないものだ、という点でした。

もちろん、持田さんの指導は初心者の方から上級者まで幅広く有効だと思いますが、初心者の場合は持田さんの持ってる知識の1割しか吸収できないので勿体無いかなと思うこともあります。ある程度理論が確立している中上級者レベルのほうが、自分では気づけないクセや弱点などを持田さんが修正してくれるのでいいかなと。

僕自身も、彼のパーソナルを受けてだいぶ変わりました。まず、追い込む基準や強度が高くなったこと。そして、種目のバリエーションも増えましたし、新しい減量の方法も実践できました。そして、それ以上に、モチベーションが下がっていたのに、今はすっかりトレーニングを楽しめるようになったんです。これは大きく、そして嬉しい変化でした。

山澤礼明さん

登録者数103万人超を誇る超有名筋肉系YouTuberであると同時に、24時間ジム「FIT PLACE24」チェーンの創業社長、REYSプロテインの販売などフィットネス事業を多角的に展開。https://www.youtube.com/@YAMASAWA

part 5

初心者のギモン、持田式に斬る！

Q ボディメイク初心者が心がけることってなに？

初心者の人ほど**大きな筋肉を使うトレーニングを主軸**としてやりましょう。いわゆるBIG3、胸ならベンチプレスなどのプレスする動作（初心者の方は腕立て伏せでも構いません）、脚ならスクワット、背中なら懸垂やデッドリフトとか。最初から単関節種目（一つの関節しか動かさない運動）をやっちゃうと、大体の人が自分が鍛えたい部分ではなくて、他の部分が力んじゃうんです。だから、まずは自分の身体の使い方を理解するためにも超オーソドックスな種目をメインの種目として取り入れるのがいいです。初心者であれば、**種目数も少なくていい**でしょう。多いと初心者のうちはあれもこれもとやってもわからなくなってしまいます。また、身体の使い方という面でいうと疲労感がどんどん蓄積してしまうんです。トレーニングを始めて最初の1〜2年目は一番パワーが上がりやすい時期です。それに、自分のその時点でのパワーを把握する時期でもあります。そこで疲労感が蓄積してしまうと、せっかくパワーが上がりやすいボーナスステージであるにもかかわらず、その時点でのマックスを底上げしていくことができず、漸進性過負荷※という筋肉を増やす大原則から離れていってしまうんです。

※トレーニングの負荷を少しずつ強くしていくことで、筋肉が成長するという原則のこと。

Q トレーニングの**組み方**はどうすればいい？

初心者の場合、BIG3系をまずは最初に考えて、動作の中でズレがある場合はそれらを修正する細かい種目を並行して行います。生活習慣の中で身体に歪みが出ている人が多いので、まずは基本にして王道の動作、**全身を一気に使う種目**をやりましょう。僕自身は週4回、**1回のトレーニング時間は1時間程度**にしています。例えば脚の日なら、最近ではワンレッグでのレッグエクステンションやワンレッグでのレッグプレスをやって、そこからメインでバーベルスクワットをやっています。**種目の構成は、その人がトレーニングできる日数によって変わります。**週5なら身体の部位を5分割、3〜4種目で組みます。週3なら、3分割、例えば「押す動作で使われる筋肉」「引く動作で使われる筋肉」「脚」で分ける。週2なら全身を回すしかないので、各部位1種目で全5種目くらいをチョイスしましょう。種目数は多くても4〜5以下。少なく厳選した種目を、しっかり集中してやる。最近、僕の中では「1セット10レップ（挙上回数）」と考えるのではなく、「1レップ10セット」と考えるようにしています。こう考えると、1発1発呼吸を入れ替えて、一番出力が出る状態になれる。こういうアプローチをすると、そんなに種目数はできないはずです。

Q 腹圧ってどうやってかけるの？

トレーニングには一般にはわかりにくい概念があります。その代表格が**「腹圧」**です。腰や背骨への過度な負担を避け、怪我を防止するためにあらゆる種目で必要になります。ただ、初心者の方にはなかなかわかりづらい概念のひとつです。僕の場合は、初心者の方には「腹圧は勝手にかかるものです」と最初にお伝えして、「勝手にかかる」瞬間を体感してもらいます。まず動作をするときにお腹をちょっと押さえてあげます。例えば、スクワットのボトムで切り替える瞬間とかに、お腹を押さえると「ンッ」って膨らむ瞬間がある。これが腹圧です、と。これを、腹筋やベルトで外から押さえると、**腹腔内の圧力が高まって、背骨のズレなどを防ぐことができる。**まずは、**「腹圧とは重いものを持とうとしたとき、自然とかかるもの」**というのを覚えてもらう。その後で、その膨らんだお腹を外から押さえて腹腔内の圧を高める感覚を覚えてもらいます。もちろん、最初のうちはベルトを使って、膨らんだお腹を押さえる感覚を覚えてもらいます。ベルトはそういう役割なので、最初からキツキツに締めて使うのは間違いなので、覚えておいてください。熟練者はある程度の重量ならばベルト無しで自分の腹筋を使って腹圧を高めることができます。

Q ショルダーパッキングや胸椎の伸展・屈曲って?

デッドリフトなどで出てくる**「ショルダーパッキング」**も、初心者にはわかりづらい概念ですが、必須のテクニックです。僕の場合は、感覚を摑んでもらうのに、まず両手でダンベルを持って突っ立ってもらいます。ダンベルを持つと、肩がダンベルの重さでダラーンと下がります。その上で、肩をくいっと上げてもらいます。こうして上げた肩を、今度は**肩甲骨をあまり閉じないようにしながら後ろに引く**ようにします。さらにその後、今度はダンベルの重さではなく、**自分の僧帽下部などの力で肩を下ろして**みましょう。こうするとショルダーパッキングがハマります。ただ、この「肩を下ろす」ときにお腹が出たら力が逃げてしまいショルダーパッキングにならないんです。だから、その感覚を覚えるために、肩を下げるときに誰かにお腹を押してもらうか、**斜めにしたベンチにお腹を当てながら動作を行う**と感覚が摑めると思います。**胸椎の屈曲・伸展**のコツを摑むには、立ってる状態ではなく**正座した状態でやってみる**のがポイントです。立ってる状態でやろうとすると、腰から動いてしまうんですが、正座をしたままやろうとすると、腰が動かないので、胸椎だけの動きを摑みやすいです。そんなに大げさではないけど、こう動くのかというのがわかると思います。

Q トレーニングで痛みが出た場合はどうすればいい？

トレーニングで痛みが出た場合は、**怪我や痛みの度合いによって変わってくる**と思います。怪我なのか、それとも今まであまり使えていなかった筋肉の筋肉痛なのか。もし怪我だとしても何週間で炎症が取れるのか？　それによっていろいろ変わってくると思います。この点で重要なのは、あくまでもスポーツやトレーニング復帰という観点で考えると、**相談できる理学療法士さんの存在**です。整形外科とかは外傷の治療や対症療法的にはもちろん重要ですが、そこからのスポーツ復帰や原因となった動きの改善を考えるとなったとき、**動作や動作に伴う腱や筋膜の流れ**などをしっかり理解している理学療法士さんがベストな選択肢だと思っています。骨折したとか、ヘルニアになったとかの場合は、整形外科でレントゲンなりMRIを撮ってもらって治療するのが必要になるけど、そうでない痛みなどの場合、「なぜその痛みが起きたのか？」を動作から紐解いて改善策を提示できるという点で理学療法士さんが最適だと思います。最近はトレーニングに詳しい理学療法士さんは増えているので、そうした**「かかりつけ」を見つける**のがいいと思います。日常動作のクセや改善策も教えてくれるような方なら、トレーナー的な感じでお付き合いしましょう！

Q ダイエットや減量ってどうすればいい？

一般の方やトレーニング初心者が減量しようと思ったときは、**「外食を減らす」**ことが最初の入口に最適です。これだけでだいぶ変わると思います。身体を大きくしたい、筋肉量を増やしたいという人には、外食って食べることで喜びが得られるので、ストレス管理ができるというメリットもあります。ところが、外食は美味しくするために、油をたくさん使うこともあるし、味付けも何を使っているかわかりにくい。肉質もすごくサシが入った肉だったりもする。この点で、自炊であれば、カロリーや栄養素が把握しやすい。まずはそれくらいで十分。**いきなりキツイ糖質制限とかをして、「我慢すること」が義務になると、トレーニングのモチベーションも低下してしまいます。**まずは外食を減らしなるべく自炊に変えて、ジャンクなものからちょっとずつでいいので身体にいいものに変えてあげましょう。甘いものを食べたいなと思ったときに、目の前にアイスとサツマイモがあったら、**どっちが体にいいか考えてみてください。**それの連続です。もし欲求のほうが勝ったら、少しジャンクなものに行っちゃってもいい。でも基本ベースで8割方「身体にいい」ものを選ぶクセをつけていく。徐々に慣らしていけば、そのうち**身体が変わることの喜びが勝ってくる**と思います。

すべての人に受けてもらいたい！トレーニングの概念が覆る。

夫が持田さんのYouTubeの大ファンで、持田式にしたら体がすごく変わったから、一度パーソナルを受けに行ったらどうかと勧められて、予約3カ月待ちを経て、10月末に初めてお会いしました。私のトレーニング、ステージを見てくださっていて、分析研究をされた状態で、強み弱み、改善点、心の状態まで、すべてが的確で、確信をついていたので、正直言って驚きました。

夫から持田式については聞いていたけど、私へのアプリーチは真逆でびっくりしました。というのも、持田式は、身体の構造、機能性、持っているベース、力の発揮、性格、そのすべてを加味して、一人一人をとことん理解し、寄り添ってその人のポテンシャルを最も引き出す指導をするやり方なんです。私自身、身体にハリが無い、疲れて見える、痩せているのに絞れて見えない、練習しているのにポージングがぐらつく、なによりトレーニングが苦手で、好きになれない。そんな悩みがいろいろあったのが、一刀両断されました。

その結果、トレーニングに対する姿勢が変わり、少しずつ自分を褒めてあげられるようになりました。また、トレーニングとポージングが繋がり、足元から胸まで地面と繋がって、踏める感覚を掴めるようになりましたね。

また、純粋に自分の進化を楽しみ、更にチャレンジをしたいという気持ちにもなってきました。言ってみれば、持田式で、トレーニングの面白さ、楽しさがわかってきたという感じです。キャリアの中で、初めて「トレーニングが楽しい」という感覚にも気づくことができました。

写真／本人提供

安井友梨さん

2015年30歳を機に競技挑戦を決意。トレーニング開始後10カ月でビキニフィットネス日本一となり国内9連覇。2024年、IFBBビキニフィットネス世界選手権大会準優勝。Instagram：https://www.instagram.com/yuri.yasui.98

part 6

スランプとの向き合い方

スランプの原因を把握しよう

理想の身体になれないと悩まないために重要なこと、ボディメイクで一番大切だと思っていることがあります。これは、自分もやっと気づけたことですが、**「他者と比較をしない」**ってことに尽きます。憧れを持つことはいいけど、「あの人のような身体つきになりたい」と思った瞬間から、自分の骨格と遺伝子、力の発揮のクセとかと全く違う人と比べてしまうことになってしまう。言わば、「ゴール地点が全く違うもの」に挑むことになってしまいます。

停滞やスランプは自分の中でその原因を作ってしまっていることが多い。「なんで自分はあの人みたいになれないんだろう」とか、「なんで自分は成長しないんだろう」というのは、自分への過度な期待が原因。自分の成長曲線は絶対に進んでいます。でも、それに対して**自分への期待が高まり過ぎていると、本来の成長曲線との間にギャップが生まれてしまう。**このギャップがスランプの核心です。だから、スランプを乗り切るためには、**自分のペースの成長曲線をしっかり把握して、自分を評価するというのが大切**です。ここで自分を客観視できると、アライメントのズレや得意種目・不得意種目の理由などを自己分析でき、成長に活かせるようになってきます。

メンテナンスの時間をしっかり取る

初心者のうちは身体もどんどん変化して、休養が少なくても伸びます。しかし、中上級者の場合はそうも行きません。トレーニングがうまくなればなるほど、効果的に筋肉に負荷を上げて、筋繊維を破壊しやすくなります。だから、**中上級者になればなるほど、回復時間が重要**になります。そして、ただ回復させるだけじゃなくて、**メンテナンス**も必要。胸と背中どちらも強い人はそうそういません。どちらかが強いと、拮抗筋という相対する筋肉のどちらかだけが緊張してしまっている状態になったりします。胸トレが好きな人が多いので、肩関節が内旋位で、猫背になってるような人はかなり多いです。こうなったときに、**筋膜リリース**や**ストレッチ**など胸周りの筋肉を緩ませるケアを行うんです。これをやっていくと、胸周り＝前面の緊張が解け、前面の緊張が解けると、背面の筋肉に力が入りやすくなるんです。中上級者になったときこそ、**休むこととメンテナンス、ケア、ストレッチなど身体の「元の使い方」に戻していけるようにしないといけない。**オススメはトレーニングに詳しい理学療法士などの有資格者を「かかりつけ」にすること。常日頃から身体のアライメントなどを診てもらっておくと、ズレにも気づきやすくなります。

「頭をリセットする」習慣をつける

休養方法は2種類あります。一つは**完全休養**。睡眠時間も長くして、食事のタイミングや回数もオンのときとは変えて少なくします。こうして身体を完全に休める。もう一つは**アクティブレスト**。身体を普段と違う方向で動かす休養方法です。例えばスポーツや山登りをしに行ったりとかですね。普段と違う情景を見ることで、メンタル面でもリフレッシュできます。一方で、ボディメイクのコンテストで結果を出したい人は、休養の日に理学療法士のところに行って診てもらったりとか、筋膜リリースに行ったり、ケアをしてもらいに行く日に充てるのもいいでしょう。これは**「今までやってきたことから頭を断ち切る」**という意味でも重要です。例えば筋膜リリースや整体なんかは、自分から何かをするものじゃなく、周りの人が自分をケアしてくれる。**頭の中で何も考えなくていい状態を作れて、リフレッシュになる**んです。海や山に行くことも同じ。その場に行けば「トレーニング以外の」いろんな情報がある。すると、普段考えているボディメイクやトレーニングのこと、あるいは仕事のこととかを考える余裕がいったんなくなる。それによってメンタルの切り替えができるんです。僕自身は気持ちの切り替えとして飲みに行くことも普通にします。

競技生活5年でぶつかった壁を打破する力をくれた

筋トレインフルエンサーのJINさんとの動画を見て、持田さんの細やかな分析と的確な言語化に衝撃を受けて、すぐにDMを送ってパーソナルを予約しました。というのも、私自身競技歴５年目で大きな壁が見えていて、なにか変えないといけないと思っていたからです。

JINさんの動画内でやっていた軽いウエイトで丁寧に効かせる種目を学ぶつもりで行ったら、初回から私がそれまで触れてこなかった重量のダンベルを持たされて衝撃を受けました。だから最初は少し不安でしたが、持田さんの指導は、新鮮で理論的だったので、初心に戻ったかのような感覚になりました。ビキニ競技について理解度が高いトレーナーはまだ日本には少ないと思っています。持田さん自身もビキニ競技にすごく詳しいとは考えていませんでしたが、柔軟な発想と分析力なら私の課題を見抜いて、それに照らし合わせながら改善点を指導してくれます。

実際にパーソナルを受け始めて９カ月目になりますが、受ける前から本当に大きく成長しました。筋肉はもちろんですが、ビキニ競技者としてのフォルムが変わりました。見た目だけでなく、トレーニングへの考え方や、姿勢や呼吸などの意識も変わりました。

自分のことって、わかっているようで実は客観的に見るのは難しくて、気づけないことが多いです。でも、持田さんはすべて細かく分析して伝えてくださるので、どんどん自分がよい方向に変わっていってるのが実感できます。持田さんは競技者だけでなく、どんなニーズの人にも、その人に合わせた指導ができる人だと思っています。

写真／本人提供

Manaさん

パーソナルトレーナー・ポージング講師、ビキニフィットネス競技者。2024年アマチュアオリンピアクラスB優勝。現在はIFBBのプロカードを目標に挑戦中。https://www.youtube.com/@manatube-0414

おわりに

スポーツトレーナーの専門学校を出て、フィットネスクラブに就職したものの、筋トレとか好きじゃなくて、なんとなく「会社員」として過ごしていた頃。なんか目標とか夢とかなくなっちゃって、自分が成長しようという気持ちも失って、一時期パチスロにハマっていたことがありました。成長する喜びとか、新しいことを知る楽しさとかもなくなって、大当たりが光れば楽しいっていう即物的な快楽にハマってました。

そんなときに、声をかけてくれたのが、専門学校時代の先生であり、フィジーク競技のチャンピオンだった恩師です。

「おまえ、コンテストに出てみろ」

そんな声をかけられ、一緒に出てみようって言った友だちがいて、ボディメイクの世界に足を踏み入れました。最初はそんなにやる気がなくて、パチンコ打ちながらサラダチキンだけ食べて減量したり。今考えると驚きです。でも、自分が考えていたより全然上に行けなくて、悔しくて、どんどん本気で打ち込むようになってきました。

あれからもう少しで10年。

僕自身、壁にぶち当たったり、自分の弱点を思い知らされたりして、トレーニングがつまらなくなったこともあります。人当たりがいいって言われるけど、本当はわりと閉鎖的だったり頑固だったりする面もあって、なかなか人のアドバイスとかを実行しなかったりもしました。

でも、この数年で、いろいろな人に会って、ここから先はもうどんどん毎日成長していきたい、新しい刺激が欲しいと思ったんで、いろんな人の意見を取り込んでいきたいなって思うようになりました。そうすることで広がる見識を、僕自身の特技だと思っている伝える力で、いろんな人に発信していきたいなと思ってます。

だから、本書で収録した「キカトレ」は、僕が得たトレーニング知識のごく一部でしかありません。内容もどんどんアップデートしていくでしょう。でも、根本的に変わらないのは、「トレーニングって楽しいんだぜ」ということです。染み付いた身体のクセや、思考の偏りを一度リセットして、「楽しさ」の原点に立ち返るお手伝いができればいいなと思います。

最後に、薊さんやディーサン、ＪＩＮさんや山澤さん、そして彼らと出会う機会をくれた芳賀くん。パーソナルを依頼してくれるクライアントの皆さん。いつも隣にいて、僕を客観視して最高のアドバイスとサポートをくれる妻の舞春に、感謝の言葉を述べて終わりにしたいと思います。

力もちよりおかずもち！　持田教利でした！

２０２５年１月　持田教利

持田教利

1994年神奈川県生まれ。名前の読みは「かずのり」。パーソナルトレーナー・YouTuber。東日本・関東ボディビル75kg以下級優勝、東日本クラシックフィジーク優勝、東日本・関東フィジーク172cm以下優勝、スポルテック マスキュラーフィジーク優勝。明るい性格と的確な指導で、有名筋トレYouTuberもこぞってパーソナルを依頼。妻の舞春さん（写真右）と二人三脚で活動中。YouTube：「おかずもちの筋肉生活【持田教利】」https://www.youtube.com/@okazumochi

装丁：堀図案室
DTP：オフィスメイプル
イラスト：丸口洋平、photoAC（人体図）
撮影：根田拓也
撮影協力：ゴールドジム戸塚神奈川
（https://www.goldsgym.jp/shop/14130）

キカトレ

K I K A T O R E

初心者でも
無理なく
ボディメイクできる
持田式「**効かせる**」
テクニック

発行日　2025年2月8日　初版第1刷発行

著　者　持田教利
発行者　秋尾弘史
発行所　株式会社 扶桑社
〒105-8070
東京都港区海岸1-2-20　汐留ビルディング
電話　03-5843-8843（編集）
03-5843-8143（メールセンター）
www.fusosha.co.jp

印刷・製本　中央精版印刷株式会社

定価はカバーに表示してあります。

造本には十分注意しておりますが、落丁・乱丁（本のページの抜け落ちや順序の間違い）の場合は、小社メールセンター宛にお送りください。

送料は小社負担でお取り替えいたします（古書店で購入したものについては、お取り替えできません）。

ISBN 978-4-594-09982-4